思政课一体化区域样态建构研究

SIZHENGKE YITIHUA
QUYU YANGTAI JIANGOU YANJIU

王庆军 孔 川 著

苏州大学出版社
Soochow University Press

图书在版编目(CIP)数据

思政课一体化区域样态建构研究 / 王庆军,孔川著
. --苏州：苏州大学出版社,2024.5
ISBN 978-7-5672-4804-5

Ⅰ.①思… Ⅱ.①王… ②孔… Ⅲ.①思想政治教育
-教学研究-中国 Ⅳ.①D64

中国国家版本馆 CIP 数据核字(2024)第 093181 号

| 书　　名：思政课一体化区域样态建构研究
| 著　　者：王庆军　孔　川
| 责任编辑：方　圆
| 助理编辑：周　成
| 装帧设计：吴　钰
| 出版发行：苏州大学出版社(Soochow University Press)
| 社　　址：苏州市十梓街1号　邮编：215006
| 印　　装：苏州市古得堡数码印刷有限公司
| 网　　址：www.sudapress.com
| 邮　　箱：sdcbs@suda.edu.cn
| 邮购热线：0512-67480030
| 销售热线：0512-67481020
| 开　　本：700 mm×1 000 mm　1/16　印张：11.25　字数：184千
| 版　　次：2024年5月第1版
| 印　　次：2024年5月第1次印刷
| 书　　号：ISBN 978-7-5672-4804-5
| 定　　价：50.00元

凡购本社图书发现印装错误,请与本社联系调换。服务热线：0512-67481020

Foreword 序 言

"岁月不居,时节如流。"1982年,我从苏州大学思想政治教育专业毕业后留校,一直从事高校马克思主义理论研究与思想政治理论课教学工作。不知不觉中,几十年过去了,我也经历了从热血青年到沉稳老年的时光旅程。但是,青春易逝,信念不变;"烈士暮年,壮心不已"。我和许多同行一样,依然保持着对马克思主义理论教学与研究的热情。

苏州高新区政治教研员王庆军和苏州大学马克思主义学院孔川邀请我为他们合著的《思政课一体化区域样态建构研究》作序,不禁让我回想起自己四十多年的教学与研究生涯。

回顾自己四十多年思政课教学经历,思绪万千,感慨良多。作为长期工作在马克思主义理论研究与思想政治理论课教学第一线的教师,我亲身经历了思想政治理论课程几次大的调整,饱尝了学科变迁带来的酸甜苦辣,由衷为新时代思政课建设取得的成绩感到骄傲和自豪。探索新时代思政课一体化区域样态建构,是很有意义的研究工作。

全书呈现出两个鲜明的特点:

一是鲜明的与时俱进性。2007年,我在人民出版社出版《高校马克思主义思想政治理论课程改革创新研究》一书,为高校思政课建设的改革创新鼓与呼。我在书中提道:"马克思主义思想政治理论课程改革创新的重要任务是通过积极探讨教学规律,运用高超的教学艺术,增强马克思主义理论教学和科研成果的感染力、吸引力和说服力。"《思政课一体化区域样态建构研究》一书,就是思政课改革创新的体现,充分彰显了新时代思政课

建设与时俱进的品质。

2019年3月18日,习近平总书记在学校思想政治理论课教师座谈会上提出,要把统筹推进大中小学思政课一体化建设作为一项重要工程,坚持问题导向和目标导向相结合,坚持守正和创新相统一,推动思政课建设内涵式发展。2024年5月11日,习近平总书记对学校思政课建设作出重要指示,新时代新征程上,思政课建设面临新形势新任务,必须有新气象新作为。因此,我们要坚持以习近平新时代中国特色社会主义思想为指导,全面贯彻党的教育方针,落实立德树人根本任务,坚持思政课建设与党的创新理论武装同步推进,构建以习近平新时代中国特色社会主义思想为核心内容的课程教材体系,深入推进大中小学思想政治教育一体化建设。

一体化始终是新时代推进大中小学思政课改革创新的鲜明主线。一体化同样是贯穿该书的逻辑脉络,是两位作者着重研究分析的核心概念,充分体现了他们对思政课改革创新前沿领域的深刻把握。

二是鲜明的实践探索性。新时代思政课改革创新必须回答好如何一体化的重大命题。号角已经吹响,方向已经明确,关键在于行动。要在大中小学思政课教学研究实践中,真正推动一体化建设,做到大中小学各学段的有效联动,思政课教师的有效互动,教学经验的有效触动,教学资源的有效共享以及教学方法的有效借鉴,在教学实践中研究,在教学一线中研讨,在教学问题中分析。

实践是推动大中小学思政课一体化建设的动力,也是检验一体化建设的标准。该书应答了思政课一体化区域样态如何建构的问题,结合苏州高新区开展大中小学思政课一体化建设的具体做法,推动大中小学思政课一体化建设走深、走实。尤其是作者之一的王庆军老师在担任江苏省大中小学思政课一体化建设专家指导委员会委员后,积极组建团队,整合大中小学思政课教师队伍,在苏州高新区勇于探索,以"立德树人"为核心,搭建了"区域联动机制""专家引领机制""联合教研机制""协同创新机制",打造了"思政一体化的'大格局'""相互融合的'大课程'""全员思政的'大师资'""内外结合的'大平台'",推动苏州高新区形成了在全省具有一定影响力的"一核八面"区域一体化大思政新格局。该书是对苏州高新区区域思政课一体化的总结，具有厚实的实践基础。

本书的两位作者，一位是中学教师代表，一位是大学教师代表，从合作形式看，也体现了思政课一体化要求，是大中小学思政课教师开展教学研究合作的典型，值得鼓励和肯定。此外，该书把理论研究与实践探索相结合，把宏观分析和微观聚焦相结合，把全国视域和地域特色相结合，对推动大中小学思政课一体化建设具有较强的示范意义，对推动大中小学思政课一体化研究具有较高的学术价值。期望两位作者能够继续深化大中小学思政课一体化研究，产生更多更有价值的学术成果，为大中小学思政课的高质量发展做出更多贡献。

是为序。

方世南

Preface 前 言

2019年3月18日，习近平总书记主持召开学校思想政治理论课教师座谈会并发表重要讲话。他强调，在大中小学循序渐进、螺旋上升地开设思想政治理论课非常必要，是培养一代又一代社会主义建设者和接班人的重要保障。这为统筹推进各学段思政课一体化建设提出了遵循依据。大中小学思政课一体化建设是新时期推动思政课改革创新、提高思政课教学育人质量的具体实践路径，也是建设世界教育强国的必然要求。教育影响的一致性和连贯性是德育的重要原则之一，中小学教育在我国教育体系中处于基础性地位，基础教育领域思政课在思政课立德树人中发挥着强基固本的作用，加强基础教育领域思政课教学衔接是大中小学思政课一体化的必然要求。事物的发展具有规律性，而规律又是客观的，人的认识是一个在实践中循序渐进、螺旋上升的过程，遵循人的认识发展规律，适应大中小学不同学段的思政课课程，要求不同学段的思政课课程有各自不同的目标定位。思政课一体化为了更好地探索教育主体的整体性和不同学段的教学规律，积极整合思政课协同育人资源，打通不同学段思政课教学的联系，真正使思政课成为各学段学生终身受益的课程。由于各学段思政课教材的深度和广度不同，各学段学生的认知能力也不同，如何在尊重学生身心发展规律与教育教学规律的基础上，构建大中小学思政课一体化课程体系，变革教与学的方式，从而有效落实立德树人的目标，成为思政课一体化研究的热点与难点。

为深入学习贯彻习近平总书记重要讲话精神，各地大中小学和相关教研机构积极响应，陆续开展了大中小学思政课一体化建设研究项目推进会和一系列思政课一体化建设活动。多地召开大中小学思政课一体化建设研讨会，成立大中小学思政课一体化建设研究中心，建立大中小学思政课一

体化建设研究基地,积极开展大中小学思政课集体备课会和思政课一体化建设教学观摩活动。各地开展的各种形式的思政课一体化建设活动,将为思政课一体化建设的推进提供有益的实践经验。深化大中小学思政课一体化建设研究,要迈出创新步伐。作为区域思政课教研员,笔者积极探讨思政课在区域的一体化的实践研究,也形成了一系列的实践成果和理论成果,其中《思政课一体化建构的哲学思考》等8篇文章发表于《中学政治教学参考》等核心期刊,其中5篇被人大复印报刊资料全文转载。在此基础上,笔者梳理了理论和实践方面的研究成果,以系统优化思维形成了本书,意在为思政课一体化建构提供一个区域研究样态,以飨读者。系统优化思维是探究新时代大中小学思政课一体化建设的必要的逻辑起点。

本书以区域思政课一体化为样板,阐述了思政课一体化的内涵特征,分析了当前思政课教学的困境及其形成原因,并从系统优化思维方面提出了构建思政课一体化的实践思考。本书研究遵循的原则包括:一是研究内容的专题化。对课程、教材、教学、队伍和管理等方面展开专题研究,避免泛泛而论,使研究既有专题化的深度,又有逻辑性的联系,取得集成化系列成果。大中小学思政课一体化是按照系统科学的整体性、层次性、有序性原理,理清纵向和横向关系,整体推进课程、教材、教学、队伍和管理等基本建设,避免简单重复,实现纵向衔接、横向贯通、循序渐进、螺旋上升,提高学生的获得感和社会认同度。二是研究方法的多视角。本书立足实证研究,多角度分析,宽视野比较,更加全面深入地了解实践进程和状态,并以丰富的数据和事实来支持理论、政策和实践分析。同时将价值理论分析与价值实践、数据挖掘与微观实证考察、学术研究与政策分析、理论研究与实务探索结合起来,以求取得多维的认识提升。三是研究目标的求实性。以习近平新时代中国特色社会主义思想为核心构建铸魂育人的可行性方案,为地区教育部门提供决策样态研究思考;致力于对大中小学思政课一体化的理论和实践问题的观察、分析和总结,力求研究目标求真务实;提出改进和加强大中小学思政课教学的切实方案,为大中小学一线思政课教师提供教学参考。

木樨花思政项目是苏州高新区大中小学思政课一体化建设创新实践的区域具象表达。木樨花为苏州本地居民对市花——桂花的别称。木樨花思政项目,即取木樨花沁入心灵、潜移默化、清雅高洁之意,寓新时代思政课全面贯彻党的教育方针,落实立德树人根本任务,通过"系统建构、协同联动",一体化推进思政课建设,形成贯彻国家意志且特色鲜明的区域思政课创新样态。

木樨花思政项目建设成果主要包括以下几个方面。一是完善的组织架构引领。构建区域思政课一体化研究教育联盟,成立区域思政课一体化指导与研究中心,统筹规划、分类指导和推进木樨花思政项目。二是强大的专家团队助力。成立区域思政课一体化建设专家指导委员会。由苏州大学马克思主义学院院长任主任委员,同时聘任南京大学等单位的一批专家学者进行指导。区域形成了党组织书记、思政名师、各行专家、学生家长、社区社会协同育人团队。三是丰富的实践经验累积。目前共开设74场次"书记思政第一课",有思政课名师90人次走进"木樨花思政课堂"、83人次做客思政课堂成为"星播客",开展200多场次"行走的思政课"。同时拥有3所市级、6所区级加盟学校,师资力量雄厚,有利于项目开展。四是丰厚的科研成果支持。围绕思政课一体化主题已经发表论文16篇,其中发表在国家级核心期刊12篇,被人大复印报刊资料转载4篇;开展省市级课题研究6项,获得省市教学成果特等奖等3项;此外,还有众多的基地项目,目前区域有苏州市相关中小学课程基地和学校文化建设项目6项,包含"文化自信的大思政课程基地""大运河思政融合教育课程基地""传承匠心精神:陶艺特色文化课程建设"等。

本书旨在以"大思政"为主题,以"协同育人"为总目标,推动健全区域联动机制、专家引领机制、联合教研机制和协同创新机制,努力形成思政课一体化的"大格局",形成相互融合的"大课程",形成全员思政的"大师资",形成内外结合的"大平台",打造思政课一体化建设的区域新样态——木樨花思政。具体而言,形成思政课一体化的"大格局"需要学段贯通、学科联动。学段贯通既要确保每个学段思政课"守土有责""守好一段渠",又要相互衔接,"跑好接力赛",打破学段壁垒;学科联动要充分挖掘木樨花思政元素,并将其有机融入学科教学,润物无声,隐而不彰,打破学科壁垒,促进课程思政与思政课程同向同行。形成相互融合的"大课程"需要融合国家课程和地方课程,以区域课程基地为支撑。国家课程是国家意志的体现,立德树人首先要落实国家课程;融入彰显苏州特色的地方课程资源,有利于兼顾课程建设的国家意志性和地区特殊性。形成

全员思政的"大师资"需要专职为主、专兼结合。思政课是立德树人的关键课程，要推进大中小学思政课教师研修培训，加强大中小学思政课教师队伍建设，充分发挥思政课专职教师的"主渠道"作用，提升学科教师的思政育人能力，为"三全育人"、全员思政提供师资保障。形成内外结合的"大平台"需要平台共建、资源共享。要加快木樨花思政的区域平台建设和学校平台建设，努力将"金课"案例、优秀论文和特色成果等内容上传平台，为思政课一体化建设的区域新样态提供资源便利，使其发挥示范辐射作用。

王庆军

目 录

第一章 思政课一体化学理阐释 / 1
第一节 思政课一体化的演进历程 / 1
第二节 思政课一体化的应然之意 / 6
第三节 思政课一体化的哲学意蕴 / 9

第二章 思政课一体化区域现状 / 12
第一节 思政课一体化的理论研究现状 / 12
第二节 思政课一体化的实地调研现状 / 15
第三节 思政课一体化的现状归因分析 / 20

第三章 思政课一体化平台建构 / 25
第一节 思政课一体化资源系统建构 / 26
第二节 思政课一体化教研平台建构 / 32
第三节 思政课一体化师资培训系统建构 / 34

第四章 思政课一体化课堂建构 / 37
第一节 思政课一体化课堂建构原则 / 37
第二节 思政课一体化课堂样态要素 / 41
第三节 思政课一体化课堂实现路径 / 52

第五章 思政课一体化评价建构 / 64
第一节 思政课一体化教学评价背景 / 64
第二节 思政课一体化教学评价样态 / 66
第三节 思政课一体化教学评价路径 / 69

第六章　思政课一体化教研建构　/ 73

 第一节　学段联动让教师有为——"聚人气"　/ 73
 第二节　资源共享让教学有料——"增底气"　/ 75
 第三节　平台共建让教育有法——"长灵气"　/ 76
 第四节　评价科学让评价归真——"接地气"　/ 77

第七章　思政课一体化教师提升　/ 80

 第一节　教师课程执行力研究现状　/ 81
 第二节　教师课程执行力提升路径　/ 82

第八章　思政课一体化实践走向　/ 91

 第一节　"大思政"背景下的思政课系统建构　/ 91
 第二节　"新课改"背景下的思政课研究方向　/ 96

第九章　思政课一体化实践课例　/ 119

 第一节　中小学师生共话"文化自信"　/ 120
 第二节　大中小学师生共话"爱国主义"　/ 132
 第三节　思政学科和学科思政共话"中国梦"　/ 153

参考文献　/ 163

第一章 思政课一体化学理阐释

第一节 思政课一体化的演进历程

构建思政课一体化,源于课程衔接的议题,课程衔接是实现教育高质量发展的基础。大中小学务必紧密结合实际,优化课程设置,提升教学质量,培养德智体美劳全面发展的人才,为社会主义现代化事业注入强劲动力。党的二十大报告指出,实现高质量发展要依靠科技创新,科技是第一生产力,创新是第一动力;科技创新需要高质量人才,人才是第一资源;培养高质量人才依靠的是高质量的教育体系。因此,教育在现代化建设中居于基础性地位。党的二十大报告还指出,育人的根本在于立德,立德就要发挥思政课作为立德树人关键课程的育人作用。从总体上看,德育课程基本做到了以中华优秀传统文化、革命文化、社会主义先进文化为核心资源,能够反映改革开放以来中国特色社会主义理论与实践发展状况,基本上实现了德育内容从教材体系向教学体系的有效转化,初步做到了大中小学思想政治教育目标的有机衔接和合理推进,大体实现了课程教材内容的循序渐进和相互协调。但是,德育教材的一体化建设仍然是非常初步的,无论从思想理念还是从机制体系上,都存在许多亟待解决的问题。对此,2014 年《教育部关于全面深化课程改革 落实立德树人根本任务的意见》要求进一步加强党对中小学思政课建设的全面领导,坚持用习近平新时代中国特色社会主义思想铸魂育人,下大力气解决影响思政课发挥关键作用的机制性问题,并且在大中小学思政课一体化思路下推进思政课教育教学改革。

一、理论引领，政策先行

2019年3月18日，在学校思想政治理论课教师座谈会上，习近平总书记强调，在大中小学循序渐进、螺旋上升地开设思想政治理论课非常必要，是培养一代又一代社会主义建设者和接班人的重要保障，这为大中小学思政课一体化建设指明了方向。一段贯穿大中小学思政教育、循序渐进、螺旋上升的阶梯正在逐步建立并完善。习近平总书记在学校思想政治理论课教师座谈会上首次提出大中小学思政课一体化，为思政课改革创新提供了重要指引。思政课是学校立德树人的关键平台，它不仅传授马克思主义和中国特色社会主义的科学理论，也培养学生良好的世界观和品德。各学段思政课在目标、内容和方法上有着共同的根基。为实现思政课的整体优化，我们需要从系统性的治理视角出发，统筹兼顾，协同并进。只有这样，大中小学思政教育才能形成合力，充分发挥育人功能。学校是培养社会主义事业接班人的阵地，思政课是其中的核心载体。我们必须把握好意识形态工作大局，坚守社会主义办学方向，推动思政课建设不断迈上新台阶。对此我们应该具备治理思维。

所谓治理思维，是指要把思政课建设看作一项复杂的系统性工程，不能"头疼医头，脚疼医脚"的分而治之，也不能"马路警察，各管一段"，需要以统筹治理的思维予以全面、系统的观照和对待。大中小学思政课一体化建设，正是对背离教育规律、缺乏科学治理的思政课教学问题的补正和纠偏。结合《现代汉语词典》（第7版）对一体化"使各自独立运作的个体组成一个紧密衔接、相互配合的整体"的解释，我们可以尝试将大中小学思政课一体化定义为"以立德树人为目标，为形成全程育人合力，基于教育规律和学生身心发展规律，优化家庭、学校和社会环境，把大中小学思政课整合成一个紧密衔接、有机联系的整体"。打通堵点、熔接断点、聚合散点，在途径上系统梳理思政课教学的全过程。如全面清理各个学段、各门课程的教学目标和任务，制定科学的大中小学思政课一体化课程标准体系；以一体化的课标体系为遵循，改革创新现有"互不干涉"的大中小学思政课教材编写体制机制，建立互相连通、上下贯通的教材编写机制；改变大中小学思政课教师队伍"各管一段""不相往来"的局面，通过大中小学集体联合备课等机制，创建拓展大中小学思政课教师培训交流互动的大平台。

二、实践探讨，循序渐进

思政课是学生成长过程中不可或缺的关键课程，它是培养新时代中国特色社会主义建设者和接班人的重要载体。思政课的核心在于引导学生深入理解和自觉践行中国特色社会主义理论体系。要充分激发思政课的思想感染力，将学生的理论认知转化为坚定的理想信念和行动自觉。思政课的本质是政治引领，需要牢牢把握党的理论和路线方针的核心要义，使学生切实掌握马克思主义立场、观点和方法。思政课的载体是课堂，需要将理论知识与实际生活有机融合，使学生在课堂中亲身体验社会主义核心价值观的魅力。只有将思想性和政治性深度融合，思政课才能成为学生健康成长的"引路人"。总之，我们要不断推动思政课建设，为学生的全面发展注入强大动力。然而，长期以来我们在育人过程中却存在不少问题：学段间、课程间内容过度重复，学段间衔接性不高，大中小学教师"各管一段""背靠背"教学。这些都表明，思政课一体化建设还要更深入、更有的放矢。

2019 年 8 月，中共中央办公厅、国务院办公厅印发《关于深化新时代学校思想政治理论课改革创新的若干意见》，明确坚持思政课在课程体系中的政治引领和价值引领作用，统筹大中小学思政课一体化建设，推动各类课程与思政课建设形成协同效应的基本原则，并为未来大中小学思政课一体化建设确定了主攻方向：加强党对思政课建设的领导；完善思政课课程教材体系；建设思政课教师队伍；不断增强思政课的思想性、理论性和亲和力、针对性。大中小学思政课一体化建设的规划也随之进入全国各地教育工作者的视野。"守好一段渠，种好责任田"是对这段成长成才阶梯上每一位教育工作者的要求。

2019 年 9 月，教育部等五部门联合印发《关于加强新时代中小学思想政治理论课教师队伍建设的意见》，明确推进大中小学思政课教师队伍专业发展一体化建设，号召高校马克思主义学院发挥辐射作用，与中小学开展结对活动。在新时代背景下，深入探究大中小学思政课一体化，有助于丰富和深化我们对于其内涵的认知。构建符合新时代需求的基础教育思政课一体化教学理论，可以充实中国特色社会主义德育理论，具有重要的学术价值。以大中小学思政课一体化为切入点，是对新时代思政课发展方向的积极探索。这源自大中小学思政课一体化引发的学术兴趣，也源自对现实问题的深入思考。通过深挖大中小学思政课一体化的具体问题，以大中小学思政课一体化建设为目标方向，分析大中小学思政课教学衔接存在的问题，探讨一体化背景下优化大中小学思政课教学衔接的切实路径，以期不断增强思政课的针对性和实效性。事实上，思政课一体化带来了新的挑战和机遇。思政课一体化建设需要科学谋划、因材而教，从而切实提高思政课的指导性和感染力。

为了更好地推进思政课一体化，2020年12月15日，在北京召开的2020年深化新时代学校思想政治理论课改革创新现场推进会上，教育部宣布大中小学思政课一体化建设指导委员会成立。该指导委员会将在教育部的领导下，对大中小学思政课一体化建设开展指导、咨询、示范、培训等工作。具体任务是统筹协调教育部相关司局，指导推动各地教育部门和学校贯彻落实关于大中小学思政课一体化建设的有关决策部署，总结推广先进经验，审议、研究、部署大中小学思政课教材建设，组织专家指导组对思政课开展前瞻研究、评价指导、工作研讨、经验总结、问题研判等理论与实践工作。

2022年11月，教育部颁布了《关于进一步加强新时代中小学思政课建设的意见》（以下简称2022年《意见》）。这是教育部深入贯彻落实习近平总书记在学校思想政治理论课教师座谈会上的重要讲话精神和关于思政课建设的重要指示批示精神，为全国中小学发挥思政课立德树人关键作用制定的"路线图"，也是为基础教育领域落实党的二十大提出的实施科教兴国战略、强化现代化建设人才支撑要求制定的"路线图"。2022年《意见》突出关键地位、强化统筹实施、坚持问题导向、深化改革创新的工作原则，体现出鲜明的时代感和问题意识。

三、形成共识，总结提升

深化大中小学思政课一体化建设研究，要寻求基本共识。首先，要提高政治站位。要针对不同学段，根据思政理论教育规律和学生成长规律科学设置具体教学目标，抓好教学目标设计、课程设置、教材编写、教学改革、教师培养、考核评价等环节，既不能揠苗助长、操之过急，又不能刻舟求剑、故步自封。把思想认识统一到习近平总书记关于办好思政课的重要论述上来，从"重要保障"和"重要工程"的战略定位出发，始终围绕"推动思政课建设内涵式发展"的战略目标。其次，要切实转变思维方式。要加强交流，相互学习，通力合作。小学教师"要往前看"，大学教师"要回头看"，中学教师"既要往前看，又要回头看"，打造大中小学思政课教师教研共同体。思政课教师要有系统性思维、整体性思维，既要关注所在学段教学，也要关注全学段教学。最后，要加快管理体制改革。大中小学思政课一体化建设存在组织领导机制不全、沟通交流机制缺乏、课程目标定位不准确、教育手段途径单一等问题，要把握大中小学思政课一体化的总体要求，整体规划课程教材和内容体系，着力解决当前各个学段的突出问题，遵循大中小学思政课一体化的基本原则，尽快改革多头分头管理现状，建设大中小学思政课一体化管理体系，以保障大中小学思政课一体化的有效实施。

大中小学思政课一体化建设要在形成共识基础上，切实增强推进学校思政课建设的责任感、使命感，进一步提高政治站位，充分认识新时代学校思政课改革创新的形势任务，着力推动大中小学思政课一体化建设，培养担当民族复兴大任的时代新人。构建思政课一体化育人体系，凝聚中华民族共同体意识。首先，整合思政课程、课程思政及一体化的育人体系，形成协调贯通的有机整体，推进思政教育的一致性。其次，统筹教材编写、教师培养、教研科研等方面，使大中小学思政课程实现上下协调、左右联动。同时，加快思政课教师队伍建设，激发他们的积极性和创造力，培养他们的整体意识，促进教师的共同成长。此外，构建思政课程、主题活动、实践体验等方面的联动机制，使党史学习教育与思政课建设形成共振效应。最后，各级党组织要加强对思政课建设的领导，采取有力措施，确保思政课高质量发展。总之，通过思政课一体化的教学体系、体制机制和队伍建设，我们必将汇聚起铸牢中华民族共同体意识的磅礴力量。

第二节　思政课一体化的应然之意

要坚持和完善普遍性与差异性相结合的育人体系，把思想政治工作贯穿教育教学全过程。思政课是培养社会主义建设者和接班人的重要阵地，大中小学思政课一体化是落实立德树人根本任务的必然要求。

一、思政课一体化的必要之举

1. 教学内容与学生需求的契合度有待提高

当前，思政课一体化在推进过程中存在的一个突出问题，就是教学内容与学生实际需求存在一定程度的脱节。一方面，思政课课程设置往往过于理论化，缺乏与学生现实生活和切身利益的有效衔接。另一方面，思政课教学内容也存在滞后性，未能准确把握学生关注的热点问题和时代发展的新趋势。具体来说，思政课教学内容太过抽象、枯燥，难以引起学生的兴趣和共鸣。面对一些与学生生活、学习等切身相关的问题，思政课教学内容往往缺乏针对性的解答。此外，有的思政课重复灌输一些老生常谈的理论观点，缺乏创新性与时代感，难以引发学生的深入思考。造成这一问题的主要原因在于，一些思政课教师本身对学生的实际需求掌握不够全面，教学设计与学生的实际需求脱节。同时，一些学校在思政课教学中过于注重政治性和理论性，忽视了学生的认知特点和接受能力，难以真正引起学生的主动参与。

2. 教学方法单一

思政课一体化在推进过程中存在的另一个突出问题就是教学方法单一，缺乏创新。长期以来，思政课教学普遍采取"满堂灌式"的授课方式，教师一味地口头讲授，学生被动地接受知识，缺乏互动交流和实践环节，导致思政课教学效果大打折扣。一些学校在实施思政课一体化时，仍沿袭传统的"填鸭式"教学模式，缺乏因材施教的针对性教学设计。教学方法单一，缺乏灵活性和创造性，很难调动学生的学习主动性，降低了学生的学习兴趣。此外，不少学校在思政课教学中也缺乏实践教学环节，教学内容停留在理论灌输层面，难以引导学生将所学知识转化为行动力。一些学校将思政课过于理论化和政治化，忽视了培养学生批判性思维和创新能力的重要性，使得思政课教学效果大打折扣。

3. 教师队伍建设与发展机制存在一定滞后性

近年来，党和国家高度重视思政课教师队伍建设，出台了一系列政策，但在实际推进中仍存在一些问题。首先，思政课教师的专业化水平和教学能力参差不齐。有些思政课教师虽然理论功底深厚，但缺乏生动有趣的教学方法，难以调动学生的学习兴趣；有些思政课教师教学经验不足，课堂气氛冷淡，难以引发学生的积极互动。其次，思政课教师的待遇和社会地位还有待进一步提高。相比其他学科教师，思政课教师的工作强度大、精力消耗高，但待遇却普遍较低，社会地位也不够高。这往往使得优秀的教学人才难以长期从事思政课教学工作，影响了思政课教师队伍的整体素质。最后，思政课教师的培养和发展机制有待健全完善。目前，学校在思政课教师的培养、选拔、考核等方面的制度还不够健全，缺乏针对性的培训机制，难以真正调动思政课教师的工作积极性。总的来说，思政课教师队伍建设滞后，直接制约了思政课一体化建设的推进，需要引起各方高度重视。

4. 学校管理机制不够完善

在推进思政课一体化过程中，学校管理机制也存在一些亟待完善之处。首先，学校在思政课课程体系建设、课时安排、教学评价等方面的管理机制不够健全。有的学校在思政课课程安排上缺乏整体规划，导致课程设置松散、内容重复，难以形成系统化的思政课教育体系。其次，学校在思政课教学督导方面的制度不够健全。一些学校虽然建立了思政课教学督导体系，但对教师教学效果的评价过于单一，难以全面反映思政课教学的实际成效。另外，学校对思政课教学质量的监督检查也存在不到位的情况，难以及时发现和解决问题。最后，学校在思政课教学资源的整合方面力度不够。不少学校在推进思政课一体化时，教学资源利用效率偏低，难以实现跨学科、跨年级的有效整合。这不仅造成了教学资源的重复投入和浪费，也影响了思政课课程的系统性。总之，学校管理机制不健全，直接影响了思政课一体化建设的实施效果。这需要各学校认真分析问题症结，不断完善相关管理制度，为思政课一体化建设提供有力保障。

二、思政课一体化的必要之意

思政课一体化具有重要的现实意义。它有利于培养学生良好的思想品

德和公民意识。思政课作为培养学生的马克思主义理论素养和社会主义核心价值观的主渠道,其一体化能够从学生的成长全过程持续渗透社会主义核心价值观,使之内化为学生的行为准则和价值追求。它有利于提升思政课教学质量。思政课一体化可以打通大中小学思政课课程的断点,实现教学内容的连续性和系统性,大幅提高教学效果。它有利于增强思政课的社会影响力。思政课一体化有助于构建完整的思政教育体系,增强思政课对学生全面发展的引领作用,使其最终成为学生健康成长的坚实基础。

1. 增强思政课的系统性和连贯性

思政课一体化可以打造系统完整的价值观教育体系,实现思政教育的全程覆盖。从小学到大学,学生接受的思政教育内容可以相互呼应、环环相扣,避免出现思政课内容重复或脱节的问题。同时,思政课一体化还能推动思政教育由分散走向系统化、由被动接受走向主动参与,增强思政教育的系统性和连贯性。大中小学思政课一体化的总体目标是培养担当民族复兴大任的时代新人。具体来说,小学阶段着眼于培养学生的良好品德,中学阶段注重培养学生的理想信念和社会责任感,大学阶段则重点培养学生的理论素养和政治觉悟,使之成为社会主义建设者和接班人。思政课一体化聚焦价值引领,注重培养学生正确的世界观、人生观和价值观。同时,它也与学科教育、实践教育深度融合,实现知识传授、能力培养和品德养成的有机结合。

2. 提升思政课的针对性和实效性

大中小学学生面临的思想状况和价值取向存在明显差异,思政课一体化有助于学校根据不同学段学生的特点,采取特定的措施,提高思政教育的针对性和实效性。大中小学思政课一体化的内容设计要遵循认知规律和学生发展特点,循序渐进、螺旋上升:小学阶段,聚焦家国情怀、社会责任、诚信友善等基本品德培养;初中阶段,重点培养爱国主义精神、社会主义核心价值观、法治意识等;高中阶段,拓展培养时代责任、中国特色社会主义道路自信、文化自信等;大学阶段,深化对马克思主义基本原理、中国特色社会主义理论体系的系统学习,增强学生的理论素养和政治觉悟。大中小学思政课一体化有助于因材施教、因时因势地优化教学内容和方法。不同学段学生的认知特点、价值取向和行为特征存在差异,思政课一体化可以针对性地设计教学目标和重点,同时还能促进思政课教学资源的共享与创新应用，进一步提升教学质量。

3. 契合教育现代化要求

思政课一体化不仅体现在大中小学课程设置的一致性上，更贯穿于家庭、学校、社会各育人主体之间，形成全员、全程、全方位的育人格局，助力学生全面健康成长。我国教育事业正在从规模扩张转向以提高质量、促进公平为重点发展，实现教育现代化是新时代教育工作者的奋斗目标。思政课一体化有助于立德树人根本任务的贯彻落实，促进教育的内涵式发展，为实现教育现代化提供重要支撑。思政课一体化有助于构建完整的思政教育体系，增强思政课对学生全面发展的引领作用，推动思政教育由散碎走向系统，由表面走向深层，最终成为学生健康成长的坚实基础。

第三节 思政课一体化的哲学意蕴

思政课教育教学活动是一个复杂的系统，2019年《关于深化新时代学校思想政治理论课改革创新的若干意见》（以下简称2019年《意见》）提出，坚持用习近平新时代中国特色社会主义思想铸魂育人，以政治认同、家国情怀、道德修养、法治意识、文化素养为重点，以爱党、爱国、爱社会主义、爱人民、爱集体为主线，坚持爱国和爱党、爱社会主义相统一，系统开展马克思主义理论教育，系统进行中国特色社会主义和中国梦教育、社会主义核心价值观教育、法治教育、劳动教育、心理健康教育、中华优秀传统文化教育。从内因角度来看，教育者的思想文化水平、自身信仰、管理制度、教育模式等差异性对受教育者的影响存在多样性，同时受教育者的文化背景、社会认知水平、对马克思主义理论的认知渠道等也存在多样性。从外因角度来看，纷繁复杂的国际与国内环境下，影响学生认知的因素趋向多样性，学生的思想行为和价值判断受多种因素的影响，呈现明显的不确定性。大中小学思政课一体化既是一个建设目标，也是一项计划，它是我国在思想政治教育领域一项全新的计划，对思政课发展具有全局性影响，我们可以把大中小学思政课一体化视为一个系统。马克思认为，不同要素之间存在着相互作用，每一个有机整体都是这样。在马克思主义哲学中，系统是相互联系、相互作用的诸要素构成的统一整体，要素是组成系统整体的各个部分，在大中小学思政课一体化这一系统中，教学衔接便是一个关键的要素。课程的生命力很大程度上由教学决定，划分的学段只是相对独立，大中小学在教学目标、教学方法和能力培养等方面存在的断层会直接影响到整体思政课的质量。思政课伴随着青少年成长的全过程，发挥着铸魂育人的重要作用。"十年树木，百年树人"，要切实做好人的培育就必须从学生身心发展规律、教育教学规律出发，树立系统思维，循序渐进，抓住关键，优化教学衔接，促进思政课建设内部系统优化，充分发挥部分的功能，达到整体的功能大于部分之和的效果。在思政课一体化建设中，要充分发挥中小学思政课教学衔接这一要素的重要作用，做好教学衔接，把思政课塑造成一个紧密联系的跨学段有机整体。

2019年《意见》从大中小学思政课一体化的高度，抓住教材体系建设这一思政课建设之本，提出各学段在课程目标、课程体系、内容建设等方面的具体要求和着力点，增进全党、全社会和全体思政课教师对不同学段思政课整体性与差异性的理解，为各学段精准施策、相互配合，解决教学内容简单重复等问题，不断增强思政课的思想性、理论性、亲和力、针对性提供了有力支撑。由此可见，所谓思政课一体化是指遵循教育规律，充分考虑不同学段的目标重点、实施方式、运行机制和特点规律，突出主题思想统一性和核心理念一致性，强化主体互动融合性、内容方法梯度性、资源供给整合性，形成思政课协同育人合力的教育系统。思政课一体化具备三个主要特征。

一是凸显整体性。所谓整体性，是指思政课一体化作为一个整体具有它的每一个要素都不能单独具有的功能。要着眼于思政课的整体性，重视整体的功能，用综合的思维方式来认识事物。要着眼于事物的整体，从整体出发，把各个部分、各个要素联系起来考察，统筹考虑，优化组合，形成关于这一事物的完整准确的认识。从课程育人、主体育人、文化育人、科研育人、网络育人、实践育人等维度构建一体化的育人体系。

二是强化有序性。所谓有序性，是指思政课一体化的各要素总是按照一定的顺序和方向发生作用。系统内部具有层次等级式的结构，系统的各要素总是按照一定的顺序和方向发生作用的。各学段在课程目标、课程体系、内容建设等方面的具体要求，增进了全党、全社会和全体思政课教师对不同学段思政课整体性与差异性的理解，即大学阶段重在增强使命担当、高中阶段重在提升政治素养、初中阶段重在打牢思想基础、小学阶段重在启蒙道德情感这一具有针对性、阶段性的思政课工作方向。

三是力求优化性。系统内部各要素的优化组合使整体的功能具有了趋向强化的特征，因而整体的功能不是部分的简单相加。思政课教学应当着眼系统优化，统筹兼顾。思政课一体化要求既要在各学段精准施策、相互配合，又要增强各学段教学衔接的耦合度，完善思政课程教材体系，搭建学生实践平台，开阔教师学术视野，丰富教学资源，为打造优质思政课增底气、添信心。

关于思想认识的辩证过程是马克思主义认识论的核心观点。实践—认识—再实践—再认识是人们认识事物的辩证过程。认识的辩证过程首先表现为由实践到认识，也就是在实践基础上形成感性认识，并由感性认识上升到理性认识。其次表现为由认识到实践，即将理性认识的成果运用于实践。由实践到认识和由认识到实践构成了一个相对完整的过程，但是，由于受思维方式、价值观念、社会发展水平、科技发达程度等因素的影响，人们对事物的认识并不是经历一个相对完整的过程就结束了，而是要经历由实践到认识和认识到实践的反复循环。认识辩证过程的观点告诉我们，人们对事物的认识是由表及里和由少到多的，呈现出一种渐进状态，诚如列宁所说，人的认识不是直线（也就是说，不是沿着直线进行的），而是无限地近似于一串圆圈，近似于螺旋的曲线。

第二章 思政课一体化区域现状

第一节 思政课一体化的理论研究现状

深化大中小学思政课一体化建设研究,要突出问题意识。毋庸讳言,学校思政课各学段的课程目标定位不准、关系不清,长期制约着教学效果及学生获得感和社会认同感。因此,要着重研究如何基于学生的身心发展规律和思政核心素养,理清大中小学思政课课程目标之间的逻辑关系,如何科学设定课程目标,落实习近平总书记提出的教学任务,引导学生增强中国特色社会主义道路自信、理论自信、制度自信、文化自信,厚植爱国主义情怀,把爱国情、强国志、报国行自觉融入坚持和发展中国特色社会主义、建设社会主义现代化强国、实现中华民族伟大复兴的奋斗之中。在研究课程目标定位的同时,要研究教材体系建设问题。因为教材是大中小学思政课一体化的核心载体,在一定程度上决定着大中小学思政课一体化的目标能否实现。深入研究如何落实课程设置要相对稳定,坚持大中小学纵向主线贯穿、循序渐进,各类课程横向结构合理、功能互补的原则,确保教材的政治性、科学性、时代性、可读性的要求。研究如何加强教材规划管理,遴选大中小学相结合、学科专家与一线教师和教研员优势互补的编写团队,提高教材编写质量,同时优化教材审查和使用培训机制。此外,摆在我们面前亟待研究的问题还有:如何聚焦教学研究、教学方法创新,建设符合思政课特点的教学改革和教学研究体系;如何聚焦打通大中小学师资的阶段性区隔,建立共建、共享、共研模式,建设思政课师资队伍阶梯式发展支持体系;如何聚焦体制机制创新,破解思政课管理难题,建设大中小学思政课一体化管理体系；等等。

一、从国内研究角度看

在小学与初中思政课教学衔接方面，相关研究较少，论文主要强调教学衔接体现教学逻辑的连续性，这种连续性不仅表现在学段间，还表现在年级间，李蔚昕强调了这种连续性在教学衔接中的重要性，具体考察了小学和初中不同年级的衔接现状，在此基础上，提出了小学与初中思想品德课教学衔接中存在的教学管理、教材、教师和学生四个方面的问题，并就这四个方面提出了解决对策。余华、涂雪莲认为，要促进各阶段思政课有效衔接就要实现思政课从初阶到中阶再到高阶的三级进阶，明确进阶要求，完善相关制度体系，加强不同学段思政课教师的交流互动，促进各阶衔接。大中小学思政课一体化背景下的中小学教学衔接研究存在知识型教学与实践型教学的矛盾和理论塑造诉求与实际探索不足的矛盾，提出了拓宽中小学思政课实践教学的路径、探索大学思政课理论"灌输"模式两个对策。陈艳通过分析教材、教师教学和学生学习的差异，整体把握小学和初中两个不同学段思政课，探讨了小学品德与社会课同初中思想品德课教学衔接存在困难的原因，从课程标准、教材、教与学的对比与衔接的具体方面提出了对策。但中小学实际上包括小学、初中和高中，她把中小学的概念窄化为小学与初中是不严谨的。

在初中与高中思政课教学衔接方面，相关研究主要是一线教师基于教学实际的思考和经验性总结。刘海认为，解决高中政治课存在的学生学习成绩下滑、心理压力增大等问题，要做好初中与高中政治教学的衔接工作，做好教材衔接、学法衔接、教法衔接和评价衔接。许世明从学生初中毕业进入高中之后政治学习滑坡现象出发，针对初中与高中在教材、考试和课堂教学方面的差异，分析了问题产生的原因，从知识衔接、学习态度、学习方法和教学方法等方面提出了促进初中与高中衔接的对策。张倩认为，要实现初中与高中政治教学衔接就要做好教学内容、教学评价、教学方法和学生身心发展等方面的衔接。可以看出，解决思政课教学衔接的问题需要国家、教师等相关主体从教学目标、教学内容和教学方法等具体方面着手。初中与高中思政课教学衔接的相关研究更关注高中阶段的衔接，侧重实现教学过渡，帮助学生适应新阶段，偏向衔接教育，衔接应该是一个前

后双向互动的活动，不能只是后一阶段对前一阶段的承接、过渡。教学衔接的主体包括教育主管部门、教师和学生，客体包括课程标准和教材，对教学衔接问题的研究需要充分考虑主客体因素，整体来看，涉及中小学思政课教学衔接的研究大部分考虑了这些因素，为笔者进行相关研究提供了写作思路和研究空间。

在高中与大学思政课教学衔接方面，研究相对较少。

二、从国外研究角度看

思政课是我国进行思想政治教育的重要途径，思想政治教育包括思想教育、政治教育和道德教育，国外虽没有这一提法，但美国、日本、新加坡等国家进行的公民教育、道德教育和政治教育等教育与我国的思想政治教育的内容是相契合的。美国的政治教育以爱国与法治为核心，贯穿于大中小学所有教学活动与过程。日本中央教育审议会在《关于道德课程的改进》这一文件中提出了幼儿园、中小学及特殊学校的学习指导要领的改善策略，提出了不同年级、不同学段渐进的道德学习目标和德育内容。新加坡的品格与公民课程基于核心价值观，从多维度整合课程衔接，整体设计大中小学德育课程体系，体现阶段性。它们具体的教育模式体现着中小学不同阶段相互衔接的特点，对我们在思政课一体化背景下优化中小学教学衔接具有借鉴意义。法国的思想政治教育是一种自上而下、高度统一的教育，呈现出高度的组织化特点，具有明显的层级性，从小学到大学都设置了不同的教学内容及教学目标。美国教育学家赫钦斯指出，人们习惯于从大学内部思考大学存在的一些问题，而很少从大学教育与中等教育的教育联系中考虑教育思想混乱这个问题。他的观点显示了美国高等教育的困扰，也说明了教育一体化、纵向衔接的重要性。美国心理学家科尔伯格在《道德发展心理学：道德阶段的本质与确证》一书中认为，道德发展的各阶段都是一个结构化了的统一体，尽管各个阶段有着质的差异，各成系统，但各个阶段是自然连续的，后一阶段从前一阶段发展而来，这反映了道德发展阶段是纵向衔接的。俄罗斯的道德教育相关纲要及构想的内容覆盖了大中小学各学段，体现着一体化的特点。由此可见，基本上各国所进行的政治教育、道德教育或是公民教育都是从学生的身心发展规律和认知发展规律出发，结合本国的国情和现实需要，对处于不同阶段的学生进行有差别的教育，循序渐进，对学生进行深刻而持久的教育。

第二节　思政课一体化的实地调研现状
——以苏州高新区的研究样态为例

为贯彻落实习近平总书记在学校思想政治理论课教师座谈会上的重要讲话精神，按照教育部等五部门《关于加强新时代中小学思想政治理论课教师队伍建设的意见》的要求，努力建设一支政治素质过硬、业务能力精湛、育人水平高超的高素质专业化思政课教师队伍，围绕思政课工作体系、内容体系、课程教学，开展中小学思政课一体化建设，提高苏州高新区思政课质量和水平，充分发挥思政课立德树人的关键作用，课题组特组织此次调研活动。本次调研对象为全区承担中小学思政课教学任务的教师。本次调研方式为召开不同学段思政课教师座谈会，面向全区所有学校的思政课教师开展在线问卷调研。

一、学校思政课教师基本情况

1. 小学思政课教师（图2-1）

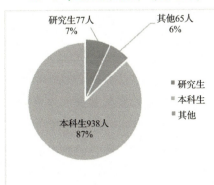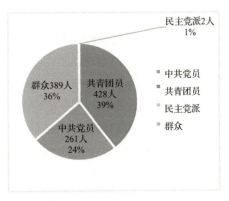

图2-1　小学思政课教师学历、政治面貌占比图

2. 初中思政课教师（图2-2）

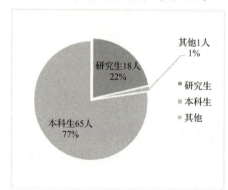
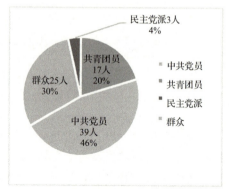

图2-2 初中思政课教师学历、政治面貌占比图

3. 高中思政课教师（图2-3）

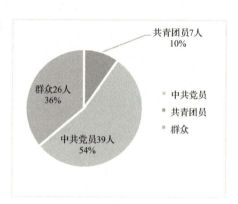

图2-3 高中思政课教师学历、政治面貌占比图

二、学校思政实践基地建设情况

中小学立足区域，充分挖掘区域资源，构建校外实践基地，将思政教学与实践教学有机结合。据统计，目前全区中小学校外思政实践基地有40多个，主要集中在各类博物馆、纪念馆、烈士陵园、部队、消防中队、传统文化基地、医院、社会主义新农村基地、福利院等，在这些思政实践基地开展爱国主义、社会主义核心价值观教育活动，达到润物无声的效果，教育效果显著。

各中学与入驻高新区的各大院所合作，了解科技前沿知识，树立科学技术是第一生产力的信念，同时充分利用校内资源，搭建校内实践平台，如安全教育体验馆、非遗研究院、太湖科学馆、运河文化馆、学校科技走廊、传统艺术室、党员活动室、榜样学生事迹陈列馆等，开展思政课实践活动。尤其高中学校为学生搭建与专业相结合的实践平台，组建社会科学类社团，模拟政协社团，使学生胸怀祖国，放眼世界。

江苏省苏州实验中学的"文化自信的大思政课程基地"项目以促进高中生文化自信为根本目标，通过梳理国家课程中关于有利于促进文化自信及与苏州地域文化发展相关的教学内容，开发整合丰富而有特色的大思政课程资源，探索指向核心素养的学科育人模式，为学生进行文化认知、文化比较进而产生文化认同创设生动有趣的课程环境，使之成为促进学生文化自信和教师专业发展的有效平台。通过开展主题引领的项目学习，打造学科融合的教师团队，形成苏州市乃至江苏省品牌课程基地，形成立德树人的苏州模式。

苏州高新区第五初级中学校的"大运河思政融合教育课程基地"项目依托学校的运河文化长廊等物化环境及校本资源，着力挖掘大运河文化所反映的中华民族攻坚克难、爱国爱民、与时俱进等精神，引导当代中学生在人类命运共同体的背景下了解大运河文化历史，体悟大运河文化内涵，传承大运河文化精神，塑造开放包容、多元交流的文化心态，坚定文化自信，增强文化担当，崇尚劳动精神、改革精神、奋斗精神，厚植家国情怀，涵养社会主义核心价值观。

苏州高新区第二中学的"苏州西部山水文化课程基地"项目在课程基地内搭建丰富多样的展示区和互动体验区，利用现代科技手段，将山水文化呈现得形象逼真且生动有趣。学校旨在通过该项目激发学生对传统文化的热爱和保护意识，培养年轻一代的艺术修养和审美能力，推动山水文化的传承与发展。

苏州高新区实验小学校的"传承匠心精神：陶艺特色文化课程建设"项目是以陶艺文化为主题开发的综合实践校本课程，在珠江路、竹园路、滨河路校区分别建成了陶艺文化馆，馆内硬件设施齐全，拉坯机、烧窑炉等一应俱全。学校力争通过项目的建设，提高学生自主学习、自我完善的能力；使学生彬彬有礼，知书达理，动手动脑有创意，争做谦谦学子，建立健全陶艺文化课程构建的评价体系。

苏州高新区实验小学校的"太湖文化研究院"项目是以太湖文化为研究主题的综合性学习课程基地，以多元的于义化板块结合现代化的多媒体

互动平台作为学习载体，将太湖文化的精华整合成趣味化的教学资源进行浓缩呈现；同时，学校将设计课程资源与场馆主题板块结合，通过写太湖文化研习读本，营造特色校园文化氛围，构建立体的学习资源，让太湖文化这一重要的吴地文化成为根植于本土学生脑海里的文化基因。

三、学校思政必修课、选修课、校本课程与资源建设

1. 必修课

各小学、初高中严格按照课程标准，采用人教版《道德与法治》教材，严格按照江苏省课程计划，开齐、开足思政课程，每周每班两课时，每班每周一节班会课。小学每班有固定的任课教师，以兼职为主。初高中思政课教师绝大多数是思政本专业的专职教师。高中采用《中国特色社会主义》《经济与社会》《政治与法治》《哲学与文化》教材。

2. 选修课

初中采用《时事政治》《一周时事要评》及乡土教材，为学生开设时事讲坛、模拟法庭、法治在线等社团活动，供学生选修学习。高中采用《当代国际经济与政治》《治律与生活》《逻辑与思维》教材。

3. 校本课程与资源建设

各校把思政课程与德育课程结合起来，利用晨会课、班会课、综合实践课等，对学生进行思政教育，以达到立德树人的根本目的。用好《璞石成玉的秘密》《问道》等读本开展社会主义核心价值观教育，用好《血火记忆》《历史真相》《警示思考》等读本开展爱国主义教育，用好《国防知识教育读本》《中小学生国家安全教育读本》等读本开展国防教育和国家安全教育。

同时，各校结合校本课程建设，开展读书节、艺术节、体育节、科技节，举办好入学仪式、成长仪式、毕业典礼、入队（团）仪式等进行思政课教育。借助智慧云平台、学科网、江南汇教育网和教材配套资源及教师教案、课件等，逐步完善学校思政课程资源，丰富思政课课程教学内容。

四、目前学校思政课教学中主要存在的不足

1. 小学思政课教学

（1）绝大部分思政课教师非思政专业出身，且是兼职教师，他们大部

分时间都放在主教学科上，没有足够的时间和精力研究思政课教学，教学水平有待于进一步提高。

（2）个别教师重学业成绩，轻思想政治教育，还没有真正意识到思政课的重要性。课堂教学方法落后，教学手段陈旧。部分课堂创新不足，课堂教学缺乏灵活性，重讲授多说教，轻体验少实践。

（3）兼职思政课教师缺少学科教学系统培训和指导，学生接收信息渠道日益增多，思维活跃，而教师的知识储备未能及时更新。

（4）家长对课程设置认同度不够高，更多地停留在学生要"听话""尊师重教"等传统观念上，进而影响到学生的学习兴趣及教师的教学效果。

（5）实践教学的评价体系不完善。没有统一的、科学合理的实践教学评价体系和评价标准，各个学校也各自为政，形式、标准和内容不一是普遍现象。

2. 初中思政课教学

（1）新旧教材更替阶段，面对新教材、新方案，教师存在不少困惑，资源不够丰富；外出学习和培训机会少。

（2）思政课教师人员少，年龄结构配备不合理，中坚力量短缺；教学任务重，精力有限。

（3）思政课实践教学手段较为单一，往往局限于课堂讨论活动或专题教育，学生很难走出教室真正参与到相应的实践活动中。从实践方式上看，思政课实践教学往往依托学校的社团活动、暑期社会实践及校园文化活动等，局限于参与面不广。

（4）学生对于思政课学习的内驱力不强。因为语数英等科目无论从课时安排还是从学生家长的重视程度上对其的关注度都远超思政课，部分学生对思政课的学习缺少兴趣，基础知识不扎实，形成两极分化现象。

（5）学生听到的、看到的、感受到的社会生活与教材内容存在一定差距，教师的判断、认知跟不上社会变化速度。

3. 高中思政课教学

（1）教材与教学要求不统一。新的课程标准已经实施，学校提供的教材却依旧是老教材，教材与教学存在脱节现象；教师对教材的把握有所欠缺。教材内容老旧，学生对教材内容不感兴趣，教材内容不能与时俱进，结论过于抽象化。

（2）学生对思政课重视程度不够，学科地位不高。学生基础知识不够扎实，并且呈现两极分化。

（3）社会现实与思政课教材的反差对教学带来冲击。多元化的价值观念影响着思政课教学效果；政治学科相关社会实践活动的开展途径较少，资源略欠缺。

（4）社会以高考为导向的评价方式因循守旧。评价方式单一，重知识，轻能力；重分数，轻态度。教学方法单一、脱离实际。

（5）青年教师在思政课教师队伍中占比较大，教学经验不足，教学能力有待提高。

第三节 思政课一体化的现状归因分析

思政课一体化，既要发挥教育者的主导性，又要着眼于学生成长的主体性，遵循教书育人规律、思政工作规律、学生成长规律，根据不同学段学生的身心特点、思想实际和理解接受能力，推进各学段思政教育的有效衔接。然而现实中大中小学思政教育衔接中存在内容、方法雷同导致的倦怠感，学情把握不准导致的独角戏，照本宣科带来的思维惰性，路径不当带来的价值认同缺失，相互隔绝造成的"孤岛效应"等困境，具体如下。

一、内容、方法雷同导致的倦怠感

"一些问题小学学过，中学也学过，大学还讲这一套"，这种"炒冷饭"现象反映了思政课教育内容的非连续性，内容的雷同让学生难免厌烦。思政课一体化的缺失导致教师对学生成长规律、认知规律及各学段思政课教学体系与教材体系没有进行深入、细致研究，没有系统掌握不同学段思政课要求与教学方法的层次性与递进性，教学方法雷同问题严重。正所谓"人无远虑必有近忧"，造成这一问题的关键在于教师缺乏系统思维，没有关注思政课在发展过程中的变化，人为割裂了大中小学教育的衔接与贯通，没有结合不同年龄段学生的认知水平和教育规律精心遴选素材，没有科学设计教学内容，没有循序渐进、螺旋上升地推进教学内容和方式。目前学段的划分导致教学内容不能体现不同学段的成长特点,不能由浅入深、由易而难,从而很难统筹好思政教育目标和内容梯度衔接的关系。思政课从横向看,有自身的完整理论体系框架和逻辑联系;从纵向看,不同层面有层次、有区别,需要适应不同群体的认知需求。系统思维要求着眼于整体,正确认识和处理系统中各要素之间的联系,注重思政理论课的整体建构,"守好一段渠",确保同向同行。

俗话说"一把钥匙开一把锁",唯物辩证法认为矛盾具有特殊性,同一个事物在不同阶段的矛盾具有特殊性,要求我们具体问题具体分析。具体问题具体分析是我们正确认识事物的基础,也是正确解决矛盾的关键。不同学段的思政课教学具有不同的侧重点:幼儿阶段基于幼儿往往在神话和童话世界里感悟、体验世界,强调情感认知,侧重物件等识别教育,采取做游戏、唱儿歌、讲故事等方式使幼儿直观感知。小学阶段基于学生逐步接触现实自然界和人类社会,侧重故事教育让学生发自内心地感动,倡导人与自然的和谐观。初中阶段更多关注个人与他人、社会、国家、世界的关系,强调道德的光辉。高中阶段侧重系统性、递进性、逻辑性,强化学生的政治认同、法律意识,促进其现代公民核心素养的养成。大学阶段侧重强化学生的价值判断和价值选择能力,引导学生理性而热情地参与社会活动,进一步把握民族精神、国家精神和社会主义精神,因而探究式教育比较适合。触动心灵的教育才是最成功的教育,教师要用整个生命去呐喊,做精神力量、人生价值和生活态度的传递者,不断创新教学手段,不仅要"有意义",还要"有意思"。

二、学情把握不准导致的独角戏

"有一种不会叫老师觉得你不会",这充分说明了思政课教师对学生特点普遍缺乏体察,突出表现在对学生的思想需求、文化需求与情感需求认识不足。有的教师觉得学生越来越有个性,思政课越来越难上;有的教师认为学生是精致利己、娱乐至上,却忽视了他们身上朝气蓬勃、好学上进、视野宽广、开放自信的特点。

没有调查就没有发言权。辩证唯物论认为物质决定意识,要求我们要一切从实际出发,实事求是。思政课一体化的关键出发点在于了解思政课教育的教学现状,找准教育的现实起点,而不是主观认为的逻辑起点,要调查研究学生的价值导向、发展取向和需求指向。同时要正确处理教材与实践的不同步现象。从思政课教学的外部环境来看，思政课是融知识性、理论性、实践性和思想性为一体的特殊学科课程，课程教学既要满足自身的课程特质，又要实现社会主义人才的培养目标。在现实教学活动中，社会环境的变化要快于教材内容的变化，常出现教材内容与社会现状有较大差距的不平衡现象。思政课教师要客观面对这种差距，寻找理论和现实的聚焦点，在思政课上针对"'小鲜肉'偶像崇拜""双十一购物消费现象""家的意义"等具有时代感的微话题进行研讨，从而使思政课教育以内部和谐为依托，随环境的变化而发展，显现出对外部环境的高度适应性，达到各要素高效、有序、动态平衡的状态。

三、照本宣科带来的思维惰性

在实际教学中，经常出现教师说什么学生就听什么的情况，这暴露出师生的思维惰性。思政课教学实践中重知识讲解轻思维培养、重口号强化轻价值引领的浅表性学习很普遍。学生没有对问题进行质疑和论证，而是直接从材料中得出问题的答案，之后也没有结合情境再次分析印证。学生的思维惰性表现为难以发现问题，不能提出问题，无法解决问题，思维处于关闭状态。思维一旦有了惰性，教学就无法创新，学生的能力和素养也就停止了发展。学生的思维惰性源自教师的思维惰性，而教师的思维惰性主要表现为教师照本宣科，对学科教材和实际教学内容的理解缺乏应有的深度和广度，陷入"例证思维"的怪圈。所谓"例证思维"指的是教师在创设情境时，没有考虑到学生思维发展的一般规律，所设置的情境问题是为了验证书本的知识，缺少了关键的中间步骤。教师的思维一旦丧失活力，就会使教学失去应有的生动性和吸引力，使学生失去深度思考的平台和机会，久而久之学生就养成了思维惰性。

认识世界不是目的，改造世界才是目的。认识论强调认识事物是一个过程，有待深化、扩展、推移。认识是波浪式前进、螺旋式上升的。思政课教学的目的在于指导学生更好地参与社会实践活动。教师只有关怀每一个学段学生的情感需求、思想需求和文化需求，才能针对性引导学生辨识不同思想观念的指向，使学生在思维判断、价值选择等方面形成对主流价值观的认同。激发学生对情境问题进行描述与分类、解释与论证、预测与选择、辨析与系统优化，促进课堂由浅表的知识教学转向深度的思维运用和能力培养。教师引领学生"运用你的经验"教学导入，利用"探究与分享""阅读感悟"等栏目引发学生思考，利用"拓展空间"指导学生的行为实践。基于此，思政课教师在教学中要打破从经验出发的教学惯性，克服思维惰性，建构基于生活—反思生活—回归生活的教学路径。"调查体验式学习活动链"强调情境性动态知识的感悟及学科思维方式的训练与本真问题的解决，既能有效地完成传递学科知识的任务，又能把学科知识与现实生活有机地联系起来，拓展了学生的视野，培养他们主动思考、深入探究、敢于质疑和勇于创新的精神。通过开展诸如"手机是工具，还是我们的存在方式"的思政课一体化研讨活动，学生能开阔思维，深度思考"碎片化阅读的本质是浏览代替阅读、信息取代思考"的议题。

四、路径不当带来的价值认同缺失

"这个结论大家理解最好，不理解记住就行"，怎样让思政课的价值理念入脑入心呢？就是要求把知识传授与价值引领高度融合，实现传道与解惑的内在统一。现实中教师的引领路径缺失严重，多数教师很机械地告诉学生理论的价值内容，而不能"润物细无声"，理论的价值引领太生硬。思政课一体化的本质在于尊重客观规律，而采用系统思维推进人的社会化过程，关键在于淡化教育痕迹，深化精神轨迹，让一时触动成为一生感动，引领学生树立正确的社会观。思政课担负着价值引领的独特学科价值，思政课教育要让学生在课堂上接受理论，在生活中浸润体会，在实践中淬炼坚守，教师的一言一行就是最好价值导向的体现。

俗话说"精神不是万能的，但没有精神是万万不能的"，辩证唯物论认为物质决定意识，意识反作用于物质，要求我们树立正确的意识，克服错误的意识。要在课堂上鼓励学生讲真话，引导学生学会思考，辨识道德观点，独立进行道德判断，注重培养学生的思政课一体化能力和价值认同，也就是引导学生经历"循情—据理—行动"的过程。实践启示我们务必充分考量学生的价值判断与价值选择，在变革教学技术、创新教学设计、优化教学系统的过程中真正走近学生。社会主义核心价值观以爱国主义教育为核心，它贯穿思政课一体化教育的始终，教师要引领学生对爱国行为做具体分析，认识到理性的爱国行为和非理性的爱国行为的不同，把理性的

爱国行为与非理性的爱国行为区别开来。小学阶段引导学生体验正确的爱国行为；中学阶段引导学生体验理性的爱国行为，主张通过合理的方法表达自己的态度，在不越过法律的前提下表达诉求；大学阶段引导学生明晰和辨别非理性的爱国行为，并对其予以抵制、谴责。以此循序渐进地进行社会主义核心价值观引领，引导学生在"如何爱国"这一问题上做到具体问题具体分析，启发学生坚持理性爱国的思维，引领学生选择理性的爱国行为。

五、相互隔绝造成的"孤岛效应"

从纵向看，不同学段的思政课教师缺少交流与沟通是现有思政课教育不可忽视的问题。从横向看，思政课程与课程思政协同性不强。要打破长期以来思想政治教育相互隔绝的"孤岛效应"，将立德树人贯彻到课堂教学全过程、全方位、全员之中，构筑育人大格局是必由之路。习近平总书记指出，要用好课堂教学这个主渠道，思想政治理论课要坚持在改进中加强，提升思想政治教育亲和力和针对性，满足学生成长发展需求和期待，其他各门课都要"守好一段渠、种好责任田"，使各类课程与思想政治理论课同向同行，形成协同效应。

第三章　思政课一体化平台建构

唯物辩证法认为事物是普遍联系的，联系是指事物之间和事物内部诸要素之间相互影响、相互制约的关系。要强化各学科的横向统整教学。大中小学思政课一体化建设，不仅是思政课课程体系的内部问题，也是整个学校教育体系的重要问题。推进大中小学思政课一体化建设，建立跨学段协同机制，学校签约共建，联合开展课程开发、集体备课、教学研究等，共同践行"八个相统一"的教学要求。坚持"瞻前顾后"的一体化设计，各学段在教学目的、教学内容、教学形式、教学规律等方面，保持高度一致，确保教材的科学性和严谨性。立足思政课教育教学的困境，持续完善思政课一体化模式，建立横纵联合的模式；改版升级教材衔接系统，开发思政课一体化备课交流平台，坚持"周讨论、月交流"案例研究，鼓励教师把发现的问题变成课题，把经验转化为成果，为实现更精准的思政课一体化实践提供更丰富的协同教学资源库；开展个性化同课异构活动和智能化学科整合课题研究，探索理论与实践融通发展新机制；推出思政课一体化学段教学目标和方法适切性量化测评模型，引领思政课专业化、科学化发展。

思政课一体化要牢牢把握课堂主渠道，挖掘课程中蕴含的思政教育资源，回归课堂育人本源。思政课一体化建设要做到内容上固本守正、方法上张弛有度、选材上贴合实际、形式上因"生"制宜。思政课教师可以在专业人员指导下建立论坛，或是思政课教师专业网站，定期更新理论政策原文、解读及配套的视频动画、课件、教案等专题资源，使专题资源不断丰富和充实，为其他思政课教师起到示范和引领作用。不断完善配套大中小学不同学段的讲座或资料，帮助思政课教师更准确、更好地理解国家的相关理论政策，严格把握意识形态的准确无误，不出现理解上的偏颇走样。

定期组织大中小学思想政治理论课教师的研讨交流会议、交流活动,形式上打通大中小学思政课的联系,不同学段的思政课教师走进不同学段的思政课堂,实现真实意义上互动互学,演绎新时代思政教育的新思维、新模式,打造一体化大中小学思想政治理论课教师专业团体,引领各阶段思政课教师的教学思路和方法。

第一节　思政课一体化资源系统建构

　　把分散的资源整合成系统化的育人资源网,形成共建共享的"资源图谱"。统筹推进思政课一体化建设是整体性、系统性提升新时代思政教育科学化水平的政治要求、教育规律和实践逻辑。思政课教学资源的共建共享对加快思政课一体化建设进程,实现思政课均衡发展,推动各学段形成教育合力等方面具有重要的现实意义。一体化背景下思政课教学资源共建共享,应当在新时代精神引领下遵循系统设计、融汇互通、动态共享的原则,从信息技术与资源整合、优质教学资源库建设、师资队伍培养和交互式教学资源服务体系建设等方面开展实践探索。

　　从横向角度看,思政课工作是包含思政学科、家庭乃至社会的一个系统工程。要保持校内外思政课的一致性和协调性,形成三方紧密结合、齐抓共管的良性互动,不断优化、持续延伸思政课的过程和成效,在社会范围内营造良好的思政课氛围,建立健全大思政课体系。思政学科、家庭、社会三方联动,注重思政学科、家庭和社会在思政课目标、内容方面的衔接,形成育德合力,共同探索思政课教育的新机制、新路径。注重资源的创意开发,建立育人资源发布、共享、拓展、更新与再创造的有效机制,让各类育人资源以多种渠道和方式向师生鲜活呈现,促进学生按照个人发展需求平等、充分、便利地获得。加强资源的共建共享,加强与校外各种思政课资源和各类专题教育场所资源的共建共享,拓展互通。加强思政课实践基地建设,充分发挥特色,搭建与专业相结合的实践平台。构建校内外合作实践平台,实现思政课实践基地的长效发展。开发并运用网络思政课资源,研究"互联网+思政课"模式,开拓思政课工作的新路径。

　　从纵向角度看,搭建马克思主义理论人才协作平台,组建大中小学思政课一体化专业发展共同体，开展人才培养、学术研究等合作。建设思政课和专业课教师"手牵手"教学团队，建立"反差式思政课教师体验"等长效机制，聚焦学生的价值导向、发展取向和需求指向，以教育做"实"、服务做"精"、底线守"严"、队伍做"专"为主线，创新工作模式。成立大中小学思政课一体化教学指导委员会，发挥其"咨询研判、督查评估、培训示范、指导引领"的功能。搭建思政课一体化教研平台，探索建立由大中小学各学段思政课教师共同组成的、不同层级的理论研究中心、协同创新中心、集体备课中心，将分散在各学段的思政课教师聚集起来，围绕思政课一体化建设开展集体攻关，共同探讨教学中存在的普遍问题和特殊困难。探索建立思政课一体化培训基地，制订培训方案，分阶段、分层次开展教师培训，并使这种培训制度化、常态化。探索建设一批体现思政课一体化的示范学校，形成一批优质思政课示范课程，以此带动相邻学校、相近课程、相关教师共同发展。以"同课异构"为载体，铸牢培根育魂共同体。

一、一体化背景下思政课教学资源共建共享的现状及现实意义

当前，信息技术的快速发展为思政课教学改革提供了新的契机和动力。在一体化背景下，思政课教学资源共建共享已成为提升思政课教学效果、推动思政课改革的重要抓手。对思政课教学资源共建共享的现实意义、关键要素和实施路径的深入探讨，有助于推动思政课教学资源的优化配置和创新应用，从而提高思政课教学质量，增强学生的思想政治素养。

1. 一体化背景下的思政课教学资源现状分析

（1）思政课教学资源碎片化严重

随着信息技术的发展，大量的思政课教学资源被开发和应用于实践教学中。但是资源建设主体众多、建设标准不统一、资源形式多样等原因，导致思政课教学资源碎片化、重复建设、缺乏整合利用等问题。这不仅影响了教学资源的质量和效率，也给教师的备课和授课带来了困难。

（2）思政课教学资源共建共享意识不强

由于受传统教学理念的影响，部分学校和教师对于思政课教学资源共建共享的意识还比较薄弱。一些学校缺乏有效的激励机制和制度保障，教师个人更倾向于保留自己的教学资源，因此难以促进资源的共享交流。这

种封闭的资源管理模式，限制了思政课教学资源的互通共享，阻碍了教学资源的优化配置。

(3) 思政课教学资源整合利用不足

当前，部分学校虽然在思政课教学资源建设方面进行了投入，但由于资源管理存在问题，难以实现资源的有效整合利用。一些学校缺乏统一的资源管理平台，教师无法快速查找到所需的教学资源，影响了资源的实际应用效果。另外，部分学校难以将线上线下教学资源有机结合，制约了"互联网＋思政课"教学模式的推广应用。

2. 思政课教学资源共建共享的现实意义

(1) 有利于提升思政课教学质量

思政课教学资源共建共享有利于汇聚各方优质资源，为思政课教学提供更加丰富、系统的教学素材。教师可以充分利用共享资源，创新教学方法，提升教学效果，增强对学生的正确价值观引导，使其产生强烈的思想政治认同。同时，资源共享也有助于减轻教师的备课负担，提高其教学效率。

(2) 有利于促进思政课教学资源的优化配置

思政课教学资源共建共享有利于打破信息孤岛，促进资源的跨区域、跨学科、跨平台流通和利用。通过整合优质资源，避免重复建设，提高资源利用效率。同时，资源共享也有助于推动教学资源的动态更新和优化，满足不同学生的个性化需求。

(3) 有利于构建开放共享的教学生态

思政课教学资源共建共享有利于构建开放共享的教学生态系统。学校、教师、学生等各方主体可以积极参与到资源建设和应用中来，资源供给和需求可以更好地匹配。这不仅有助于提升思政课教学质量，也有助于增强师生对于思政课的认同感和归属感，促进教学生态的良性互动。

二、一体化背景下思政课教学资源共建共享的关键要素

1. 明确共建共享的组织保障机制

思政课教学资源共建共享需要健全相关的组织保障机制。要充分认识思政课一体化资源共建共享中现存的深层次问题，有针对性地采取措施进行改革创新，推动思政课建设取得实效，培养担当民族复兴大任的时代新

人。一方面要建立由学校、教育主管部门、社会各方共同参与的资源建设联盟，明确各方职责和权利，保障资源共建的顺利开展；另一方面要健全资源共享的制度规范，包括知识产权保护、资源使用管理等制度，为资源共享提供制度保障。

2. 构建统一的资源管理平台

思政课教学资源共建共享需要构建统一的资源管理平台。该平台应具备资源搜索、浏览、下载、上传、评价等功能，为资源的发布、共享、应用提供便捷通道。同时，平台还应具备资源标准化管理、资源监测评估等功能，确保资源质量和使用效果。要充分发挥信息技术的强大功能，大力推进思政课资源库建设、资源共享服务平台建设等，提升资源的可获取性和使用效能。

3. 培养教师的资源共建共享意识

思政课教学资源共建共享的关键在于教师参与的积极性和主动性。学校需要通过培训、激励等措施，增强教师的资源共建共享意识，引导教师主动投入到资源建设中来。同时，要建立健全教师参与资源建设的绩效考核机制，充分调动教师的积极性。

4. 构建基于需求的资源开发模式

思政课教学资源共建共享要坚持以学生需求为导向，采取"问题导向"的资源开发模式。一方面要深入了解学生的学习需求，设计针对性的教学资源；另一方面要充分利用大数据分析技术，挖掘学生的学习行为数据，优化资源开发和配置。要遵循教书育人规律，不断提升思政课资源的针对性和实用性，推动思政课内容和方式方法的创新。

三、一体化背景下思政课教学资源共建共享的路径

推进思政课一体化资源共建共享，对于进一步完善思政教育体系，提升思政课教学质量和实效，培养德智体美劳全面发展的社会主义建设者和接班人，具有重要的现实意义。我们要坚持正确的政治方向，以问题为导向，充分调动各方主体的积极性，运用科技赋能，不断完善资源共建共享的组织保障、建设管理等机制，为全面提升思政课教学水平和育人成效贡献更多力量。

1. 构建跨校、跨学科的资源共建机制

为实现思政课教学资源的广泛共建，可以构建跨校、跨学科的资源共

建联盟。联盟成员可以包括学校、教育主管部门、行业组织等，共同参与资源建设规划、开发、审核等环节。通过资源共建，整合各方优势，提高资源建设的系统性和针对性。建立由教育部门牵头，有关部门和学校共同参与的工作机制，制订资源共建的顶层设计和实施方案，明确各方职责，统筹推进资源的分类整理、汇聚共享等工作。同时，可以建立健全两级协调机制，完善激励保障机制，充分调动各方主体的积极性。各校要加大思政课一体化资源共建的宣传力度，充分发挥新闻媒体、校园网等媒介的阵地作用，广泛宣传典型经验和成果，激发广大教师和学生的参与热情，形成良性互动，为思政课一体化资源共建营造良好环境。

2. 建立资源共享的激励机制

为调动教师参与资源共建的积极性，可以建立相应的激励机制。一方面，可以将教师参与资源共建纳入绩效考核，作为其职称晋升、绩效工资分配的重要依据。另一方面，可以探索知识产权保护与收益分配等机制，确保教师的合法权益。鼓励学校充分发挥自身学科优势和教学团队优势，结合思政课建设的实际需求，创建出高质量的教学资源，涵盖课件、视频、试题等。制定统一的资源建设标准，加强资源的分类管理，提升资源的组织性和共享性。充分发挥思政课名师工作室、教师培训基地的作用，为教师提供教学方法培训、信息技术应用培训、育人理念引领等，提升教师的专业素质和教学能力。同时，加强对优质思政课一体化资源的挖掘整合，探索在线课程、混合式教学、虚拟仿真等方式的应用，不断丰富教学形式，提升教学吸引力和互动性，激发学生的学习热情，增强思政课的时代感和感染力。

3. 构建资源共享的支撑平台

构建统一的教学资源管理平台是实现资源共享的重要基础。该平台应具备资源的搜索、浏览、下载、上传、评价等功能，并通过大数据分析等手段，为教师的教学提供个性化的资源推荐。平台还应具备资源标准化管理、监测评估等功能，确保资源质量。依托国家级和省级两级平台，建设集资源汇聚、共享服务、应用推广于一体的思政课一体化资源服务平台，为各校提供优质资源检索、获取、利用等服务，实现资源的跨校、跨区域流动。加强平台建设的顶层设计，完善安全认证、版权保护等机制，确保资源共享的有序性。要充分利用大数据、云计算、人工智能等新技术，建设安全稳定、功能完善的思政课一体化资源共享服务平台，提高资源的存储管理效率，增强资源共享的便捷性。同时，要建立健全资源版权保护、数据安全等相关制度，确保资源共享的安全性和合法性。

4. 开发思政课一体化特色资源

（1）立足苏州实际，开发本土资源，充分拓展思政课社会实践开展的途径，丰富思政课社会实践的资源。整体创设校园育人环境，加强思政课的物质文化建设，新建、改建、扩建校园，从设计到施工，要重视全过程的校园课程建设，体现物态造型的教育价值、课程意识、学科文化、人文寓意，关注学生的身心需求，让学生可感悟、可学用、可传承。

（2）注重资源的创意开发，建立育人资源发布、共享、拓展、更新与再创造的有效机制，让各类育人资源以多种渠道和方式向师生鲜活呈现，促进学生按照个人发展需求平等、充分、便利地获得。加强与校外各种思政课资源和各类专题教育场所资源的共建共享，拓展互通。

（3）开发运用网络思政课资源，研究"互联网+思政课"模式，开拓思政课工作的新路径。从教学实践的层面来说，学科课程优化统整的目的是让师生更多地参与学科活动，体验知识的建构过程，发展人生成长应有的关键能力和必备品格，同时改变教师的教学过程观及学生发展观。依托网络资源的开放性尝试实施项目化学习、混合式学习等多种教学法，推动以思政课社会活动为主题的微课程建设，深度研发基于学科竞赛的 PISA（国际学生评估项目）评价应用，借助信息技术与教学的融合手段，创新编制学生的档案，优化智慧性课程资源的配置，从而形成思政课课程创新的整体合力，实现思政课课程立德树人的教育价值，彰显国家课程与校本课程的学科活动价值。

5. 提升教师资源建设能力

（1）积极组织思政课教师进行教学资源的开发培训。在认真分析各类思政课教师在教学资源开发建设工作中的优势与不足的基础上，有针对性地提供相应培训，提高思政课一线教师的创新精神和信息技术能力，使其开发的教学资源能够有效服务于思政课教学的思想导向，以规避重技术手段应用轻教学思想的倾向。

（2）通过队伍建设带动特色教学资源的丰富和更新。这要求在日常教学实践中积极鼓励思政课教师广泛参与教学资源平台的建设工作，鼓励优秀课件、教学素材、课堂教学录像等优质多媒体教学资源上网，从教学实践方面不断更新、扩充思政课特色教学资源。

（3）大力发挥信息化教学示范学校的辐射作用，以资源优势带动地区间教学资源开发的互学互建活动。广泛开展有特色的网络教研活动，探索网络教学环境下教学资源建设与应用的新模式，积极发挥优秀本土教学资源在地区特色教学资源开发中的优势，以信息化教学提升思政课本土化特色教学资源开发的数量和质量。

第二节 思政课一体化教研平台建构

2019年3月18日，习近平总书记主持召开学校思想政治理论课教师座谈会，明确指出要把统筹推进大中小学思政课一体化建设作为一项重要工程，坚持问题导向和目标导向相结合，坚持守正和创新相统一，推动思政课建设内涵式发展。2019年8月，中共中央办公厅、国务院办公厅印发《关于深化新时代学校思想政治理论课改革创新的若干意见》，明晰了思政课一体化建设的整体框架。2019年9月，教育部等五部门联合印发《关于加强新时代中小学思想政治理论课教师队伍建设的意见》，明确提出要推进大中小学思政课教师队伍专业发展一体化建设，号召高校马克思主义学院发挥辐射作用，与中小学开展结对活动。在此背景下，成立大中小学思政课一体化教研平台，凝聚各方力量和资源，协同创新，探索新时代思政课有效实施的策略和路径，对破解新时代思政课教学的挑战和难题意义重大。

通过思政课一体化教研平台，开展以"学科融合"为媒介、以共筑"同心圆"为主题的课题研究，充分发挥专业课程特有的育人价值，将专业课程教学与思想政治教育有机融合，完善"思政课程+课程思政"大格局，全面落实立德树人根本任务。同时，切实推动学校"学科思政"与"思政学科"建设同向同行，拉动学校相关学科"学科思政"的全方位建设，找准各专业学科与思政学科的契合点。各学科专家通过对本专业学科与思政学科的梳理，寻找到二者基于共同教育目标导向的契合点，进而找到相合相融的研究机制和具有可操作性的实践模式，在教学实践中对研究机制和实践模式进行实验，将其落到实处。此外，形成常态化的共同体教研机制，发挥教师的积极性、主动性、创造性，强调跨学段的实践性，不断解决思政课一体化教学中的关键问题，努力推动思政课改革创新。

一、借助平台为思政课一体化教研提质

探索建立思政课一体化培训基地，制订培训方案，分阶段、分层次开展教师培训，并使这种培训制度化、常态化。借助互联网平台对线下的传统教研模式进行扩容和自洽，多维度构建教育教学情境，在虚拟的空间学习海量的思政课资源。建设一批体现思政课一体化的示范学校，形成一批优质示范课程，以此带动相邻学校、相近课程、相关教师共同发展。促进共同体成员之间的学习交流，协助发展，教学相长，形成开放式研修共同体。大中小学思政课一体化是落实习近平总书记提出的落实立德树人根本任务的重要举措。大中小学思政课一体化教研平台未来的研究方向应着重于做好大中小学思政课的衔接，一是要实现内容的衔接，分阶段、分层次，避免德育的重复；二是要注重方法的衔接，不同学段在理论和实践等方法上要各有侧重；三是要培养学科专业教师的育人理念，所有学科协同共担育人职责，同向同行。各部门要从顶层设计、制度设计、体系化建设等方面共同努力，推动思政课一体化内涵式发展，切实提质增效。

二、通过组织为思政课一体化教研塑形

搭建思政课一体化教研平台。探索建立由大中小学各学段思政课教师、教研员、学科专家组共同组成的、不同层级的理论研究中心、协同创新中心、集体备课中心，采用线上线下混合式研修模式，将分散在各学段的思政课教师聚集起来，围绕思政课一体化建设开展集体攻关，共同探讨教学中存在的普遍问题和特殊困难。在教学内容、教学方式和教学过程中，不仅要深入研究思政课本学科内容，更要深刻理解和认识思政课在培养学生家国情怀、开展生命教育等方面发挥的重要育人功能和作用。

凝聚资源和智慧。大中小学思政课一体化教研平台将通过一体化的课程衔接、一体化的教学研究、一体化的专题研讨、一体化的教师研修，带动整体工作，形成常态化的研讨机制，通过研讨，促进教学质量提升，让学生有实际获得，同时解决教师在思政课教学中的难点问题。

三、追求合作为思政课一体化教研铸魂

思政课教师依托一体化平台，构建教研共同体，从不同学段课程内容的衔接、教学方式的选择、教学策略的优化及一体化教研模式的建构等各方面展开研究。共同体采用百家争鸣的方式，进行研究探讨，围绕一条主线，进行同课异构，大中小学教师同台献艺，相互切磋，形成共鸣。只有体现出各学段的统筹规划，共同指向思政学科的育人目标，更多地关注学生学科素养的养成程度，才能实现思政课一体化建设的持续发展。同时，思政课教师依托教学信息化技术的应用，增进不同学段思政课教师的交流、学习和合作，在提升教学质量的同时促进教师专业化能力发展。开展思政课一体化备课和研修活动，为一线教师搭建研究和提升的平台，不断促进思政课教师的专业发展和教学质量提升。思政课教师要在工作中持续努力，提升课堂教学质量，讲好中国故事，实现对学生的政治引领和价值引领。这有利于促进不同学段思政课教育目标协同，有利于提升思政课教师的教学技能和课堂教学水平，对加快不同学段思政课一体化融合具有重要意义。

第三节 思政课一体化师资培训系统建构

习近平总书记指出，办好思想政治理论课关键在教师，关键在发挥教师的积极性、主动性、创造性。教师是思政课一体化有效实施的关键所在。教师需要树立正确、科学的教育观，尊重学生的个性发展，更加关注学生的内心世界、个性特征，以及心理品质、意志培养、兴趣情感等非智力因素的开发，不再把学习成绩作为唯一的系统优化标准。俗话说"牵牛要牵牛鼻子"，唯物辩证法认为主要矛盾的主要方面决定了事物的性质，要求我们抓重点、抓关键。整体推进大中小学思政课一体化，必须抓住教师队伍建设这个牛鼻子。调查发现，目前小学阶段绝大部分思政课教师并非思政专业出身，缺少学科教学系统培训和指导，知识储备未能更新。初中阶段新旧教材更替，面对新教材、新方案，思政课教师存在不少困惑，可利用资源不够丰富。高中阶段教材与教学要求不统一，新的课程标准实施，提供的教材依旧是老教材，系统优化方式单一，重知识、轻能力，重分数、轻态度，导致思政课教师的教学方式难以改变。大学阶段，学生听到的、看到的、感受到的社会生活与教材内容还存在一定差距，教材内容跟不上社会变化速度。

一、加强思政课师资队伍建设，着力构建课程体系

通过引进来与走出去相结合的方式加强先进教育理念的学习与交流，着重提升思政课教师的政治站位和理论素养，将思想引领作为团队建设的重要工作。要切实关心思政课教师的发展，在人才引进、学科发展、科研立项、人员经费投入、教学资源使用和评优表彰、干部任用等方面给予政策倾斜。统筹推进大中小学思政课一体化建设是当下的一项重要工程，将极大地推动大中小学跨学段教学研究，形成大中小学思政课循序渐进、螺旋上升的新局面。学校要充分发挥思政课育人的关键课程作用，重点关注学生的思想和心理，培养学生的家国情怀、理想信念和意志品质，引导学生树立远大志向和规划长期目标，培养合格的社会主义建设者和接班人。建立健全制度机制，明确职责，细化分工。围绕素养导向的课程建设、教学研究、教学评价和队伍建设，开展跨学段教学研究和交流研修，推动思政课改革创新，增强思政课的思想性、理论性、亲和力和针对性。要切实落实习近平总书记的讲话精神，充分认识"思政课作用不可替代，思政课教师队伍责任重大""要理直气壮开好思政课"的意义所在。不断更新思政课教师的教学评价机制，完善思政课教师的培训考核评价体系，避免绝对的量化，采用多元化的评价方式，促进思政课教师专业成长。

二、推进大中小学思政课一体化，建设一支质优量足、结构合理的师资队伍

思政课一体化落实到教师层面是关键，教研是至关重要的保障。大中小学思政课一体化背景下，思政课教师要坚持正确的政治方向、科学的教学方法，思政课上得好不好，关键在于教师是否牢牢把握住思政课的思想政治方向。在思政课一体化中，要坚持循序渐进、螺旋上升的科学方法。思政课一体化能走多远，能否坚持，能否真正实现思政课一体化发展的新要求，机制和制度是至关重要的保障。要不断创新机制，增强队伍凝聚力，更好地呈现思政课同台备课后的生命和活力。同时要加强典型课例的研究，典型示范，以点带面，同台备课，共同上好思政课。在整体推进过程中，

思政课一体化平台要尽快推出一批能给教师、给教学以正确引领和启示的好课例。要着力强化思政课教师的一体化意识，大中小学思政课教师要强化思政教育的整体性、连贯性意识，在明确整体性、分清阶段性的基础上有的放矢地开展教学。不断提高教师参与大中小学思政课一体化建设的能力，教师不仅需要精于本学段，而且还能通达相邻学段甚至各学段的思政课教学，具备与其他学段教师开展教学科研交流的底气和实力。研究学生，就是要准确把握学生的思想状况和成长、成才的规律，解决教学的亲和力和针对性问题；吃透教材，就是要解决教材体系如何向教学体系转化的问题，实行专题式教学；激励教师，就是要解决教师职业倦怠和动力不足的问题，增强和提升教师教学的获得感和荣誉感；形成合力，就是要加强统筹设计、协同联动，解决各管一摊、各自为战、互不协同的问题。

三、打造思政课教师队伍共同体，推进大中小学思政课一体化建设

要提升思政课教师队伍的协同意识，凝聚育人合力，引导教师自身做好教学目标衔接问题，打破学段和地区间壁垒。要树立系统思维和综合思维，加强交流，不仅注重研究所在学段的学生身心发展特点及内容要求，也要关注其他学段的要求，避免出现内容的重复或缺失。要树立大局意识和整体意识，能够从学科的角度整体规划各学段的教学内容，使得教学目标、内容能够体现出螺旋式上升的特点，同时打破地域壁垒，综合考察城镇与乡村的不同情况，促进思政课一体化发展。要在互动交流中激发教育智慧，"看好自家门，经常串串门"。切实转变思维方式，打造系统性思维、整体性思维，既要关注所在学段教学，也要关注全学段教学。同时要在合作共赢中培育教师素养，加强交流，相互学习，通力合作。遵循大中小学思政课一体化的基本原则，尽快改革多头、分头的管理现状，建设大中小学思政课一体化管理体系，打造大中小学思政课教师教研共同体。针对不同学情、不同年龄的学生，采用不同的教学方法，加强教育，培养意识。此外要在融汇共生中打造文化共鸣，把握大中小学思政课一体化的总体要求，整体规划课程教材和内容体系，着力解决当前各个学段的突出问题，以保障大中小学思政课一体化的有效实施。加强教学资源开发队伍培养，不断更新充实思政课网络化特色教学资源。

第四章　思政课一体化课堂建构

第一节　思政课一体化课堂建构原则

新时代要求大中小学思政课一体化不断创新实践，切实发挥其应有的育人功能。当前大中小学思政课一体化存在课堂内容单一化、教学方式枯燥乏味、师生互动不足等问题，亟需探索全新的课堂建构模式。思政课一体化课堂建构，旨在通过打破思政课与其他课程的界限，实现思政教育与专业教育的有机融合，推动思政课教学质量的整体提升。

一、坚持思想政治引领原则

思政课一体化课堂建构的出发点和落脚点应始终围绕培养社会主义建设者和接班人这一根本任务。要把马克思主义理论教育作为主线，不断增强学生的政治认同、价值认同和情感认同。思政课教学要坚持马克思主义的指导地位，以马克思主义中国化的最新理论成果为指导，深入阐释马克思主义立场、观点和方法，引导学生树立正确的世界观、人生观和价值观。思政课教学要牢牢抓住思想政治引领这个根本，坚持以社会主义核心价值观为引领，培养学生的理想信念、思想道德、社会责任感，不断增强学生对党和国家的政治认同。思政课教学要立足党和国家的中心任务，紧跟时代步伐，把握社会发展动态，注重解决学生思想实际问题，为学生成长成才和社会发展提供有力支撑。

首先，思政课是培养社会主义事业建设者和接班人的重要渠道。思政课肩负着培养学生坚定理想信念、厚植爱国主义情怀、增强社会责任感、提高综合素质的重大任务。通过思政课教学，学生能树立正确的世界观、人生观和价值观，增强其社会主义核心价值观认同，成为德智体美劳全面发展的社会主义建设者和接班人。

其次，思政课是落实立德树人根本任务的关键环节。思政课是培养学生良好思想品德、增强学生社会责任感的重要平台。通过思政课教学，学生能增强社会主义意识和公民意识，为今后的事业发展和社会生活打下坚实的思想基础。

最后，思政课是党的全面领导的重要体现。思政课的建设和发展，是贯彻落实党的教育方针政策的具体体现，是维护党的领导地位、坚持马克思主义指导地位的重要渠道。通过思政课教学，学生能深入学习中国特色社会主义理论体系，增强其理论素养和政治意识，成为党的事业发展的合格建设者和可靠接班人。

二、注重理论与实践相结合原则

思政课一体化课堂建构应当兼顾知识传授和技能培养，引导学生将所学知识与实际工作或生活紧密联系，培养其分析问题和解决问题的能力。同时要注重实践环节的设计，让学生在实践中深化理解、增进信念。思政课教学要注重分析和解决学生思想政治方面的实际问题，紧扣学生的思想实际，针对性地开展教学，增强思政课教学的针对性和实效性。思政课教学要在坚持马克思主义指导、贯彻立德树人根本任务的前提下，不断创新教学内容、方法和手段，提高思政课教学的吸引力和感染力，增强学生的主动性和参与度。思政课教学要紧密结合当前社会热点问题和学生的思想实际，运用生动鲜活的案例和问题情境，引导学生学思结合，提高思政课的针对性和实效性。思政课教学要注重将理论知识与社会实践相结合，组织学生开展社会调研、志愿服务、社会实践等活动，增强学生的社会责任感和实践能力。在思政课一体化中真正落实理论联系实际原则，需要采取以下几方面的具体措施。

1. 健全理论联系实际的教学设计

思政课教师要深入了解学生的实际需求和认知特点，在教学设计中充分考虑学生的实际情况，选择贴近学生生活的教学内容和方式，注重理论知识与实际问题的有机融合。同时，要充分利用校内外的各种教学资源，创设丰富多样的教学情境，为学生提供实践性的学习体验。

2. 创新理论联系实际的教学方法

传统的说教式教学已经不能满足当前思政课教学的需求，教师要积极探索新的教学方法，注重启发式、互动式、研讨式教学，引导学生主动思考、参与讨论，培养他们的批判性思维和实践能力。同时，要充分利用信息技术手段，通过案例分析、角色扮演等形式，让理论教学更加生动活泼，切合学生的认知规律。

3. 建立理论联系实际的培养机制

思政课教学要贯穿于学生的整个学习和生活过程，与学校其他课程、学生活动等有机结合。学校要制订相应的培养方案，明确思政教育的实施路径和评价标准，推动思政教育全覆盖。同时，要建立健全师生互动、校企协同等机制，充分利用社会资源，为学生提供丰富的实践平台。

4. 健全理论联系实际的考核评价

对于思政课的考核评价，不能简单地采用传统的笔试方式，而要注重对学生实践能力和价值观养成的考核。可以通过学习档案、实践报告、综合测评等方式，全面评价学生的思想道德素质、社会责任感和创新实践能力。同时，要完善教师的考核评价机制，充分肯定教师在理论联系实际教学中的创新实践。

三、体现教学过程开放性原则

一体化课堂要摒弃单一、封闭的灌输式教学模式，倡导启发式、探究式教学，激发学生的主动性和创造性，营造民主、互动的课堂氛围。教师要善于因材施教，采取多种教学方法，满足不同学生的需求。教学过程的开放性，是指教学活动在组织形式、教学内容、教学方法和师生互动等方面，保持一定的开放性，不断吸收新理念、新知识、新方法，以适应时代发展的需求。这一原则对于思政课教学来说，具有重要而深刻的意义。第一，坚持开放性原则有利于丰富思政课教学内容。教学内容的开放性，一方面要及时把握社会发展动态，将新思想、新理论、新实践及时纳入教学内容，赋予思政课以时代气息，确保思政课始终立足当下、面向未来。另一方面要注重学生的实际需求，广泛吸收学生的真实声音，在教学内容设计中充分照顾学生的认知水平和价值取向，使思政课教学内容更贴近学生

实际，切合学生需求，增强思政课的针对性和实效性。第二，坚持开放性原则有利于创新思政课教学方式。教学方式的开放性，体现在立足学生，灵活运用多种教学手段，如案例教学、讨论式教学、专题研讨等，打破了传统的"填鸭式"教学模式，增强学生的主体地位，调动学生的学习积极性和创造性，培养学生的批判性思维和实践能力。同时要善于借鉴先进的教育理念和教学方法，不断探索适合新时代特点的思政课教学方式。第三，坚持开放性原则有利于增强师生互动。师生互动的开放性，意味着教师要主动了解学生需求，创设畅通的沟通渠道，倾听学生声音，积极回应学生，共同推进思政课教学质量的提升。同时教师也要主动接受学生的建议和反馈，善于调整教学策略，不断改进教学方法，构建民主平等的师生关系，增强学生的参与感和获得感。总之，坚持思政课教学过程的开放性原则，能够丰富教学内容，创新教学方式，增强师生互动，推动思政课教学质量不断提高，为培养德智体美劳全面发展的社会主义建设者和接班人提供有力保证。思政课教学过程的开放性原则具体体现在以下几个方面。

1. 教学内容的开放性

思政课教学内容要紧跟时代步伐，注重吸收党的最新理论创新成果，及时反映国内外重大时事和社会热点问题，拓宽视野，丰富知识体系。同时还要关注学生的实际关切，根据学生的认知规律和价值取向，适当增加说理性与启发性内容，把握好理论性与实践性的平衡，确保教学内容贴近学生，切合实际。

2. 教学形式的开放性

思政课要坚持以学生为中心，采取多种教学方式，如案例分析、小组讨论、情境设计等，增强师生互动，培养学生的批判性思维和实践能力。同时也可适当融入信息技术手段，如视频展示、微课制作等，提升教学的直观性和感染力，让思政课更加生动活泼。

3. 师生互动的开放性

思政课教师要建立民主平等的师生关系，主动倾听学生的想法和意见，充分尊重学生的主体地位。同时要鼓励学生踊跃发言，勇于质疑，自由探讨，创造性地分析问题。教师要保持平等、尊重的态度，引导学生积极参与教学过程，增强学生的获得感和自主意识。

四、促进师生全面发展原则

坚持以促进师生全面发展为根本原则,是思政课一体化的内在要求。其一,这有利于充分发挥思政课育人功能。思政课作为培养德智体美劳全面发展的社会主义建设者和接班人的主阵地,必须把师生的全面发展作为根本任务,这不仅要求学生全面发展,也要求教师全面发展。教师只有自身素质不断提高,才能更好地担负起立德树人的神圣职责,才能引导学生全面发展。其二,这有助于增强思政课的针对性和实效性。只有充分了解师生的特点和需求,才能设计出更加贴近师生的思政课内容和教学方式,提高思政课的吸引力和感染力,增强学生的获得感。其三,这有利于构建良性的师生关系。教师以身作则,积极促进自身全面发展,就能更好地激发学生的学习积极性,增进师生之间的理解和信任,营造良好的育人氛围。一体化课堂应当关注学生的全面发展,注重培养学生的综合素质,帮助他们形成正确的世界观、人生观和价值观。思政课教学要积极运用情境教学、辩论讨论、案例分析、项目教学等多种教学方法,激发学生的主动参与,培养学生的批判性思维和实践能力。创新思政课教学方式方法是落实促进师生全面发展的重要途径。一是注重启发式教学。运用启发式、讨论式等教学方法,引导学生主动思考、积极参与,培养其批判性思维和实践能力。二是重视情感教育。在传授知识的同时,注重培养学生的理想信念、道德情操,增强思政教育的感染力。三是融入实践教学。设计与社会实际紧密结合的教学情境,组织学生参与社会实践,增强理论与实践的结合。四是注重个性化指导。尊重学生的个体差异,因材施教,采取个性化辅导等方式,满足不同学生的发展需求。五是充分利用信息技术。运用信息技术手段,优化教学内容和方式,增强思政课的吸引力和互动性,提升教学质量。

第二节 思政课一体化课堂样态要素

如何重点做好中小学思政课与大学思政课的衔接贯通,成为推进大中小学思政课一体化建设的难点。思政课一体化建构要突出问题意识,从体制、机制、理论、实践层面协同推进大中小学思政课一体化,构建不同学

段协同作战的思政课教育体系。大中小学思政课一体化建设在解决课程目标、课程内容、教材等体系化的关键问题后,不同学段教学与评价的一体化成为大中小学思政课一体化建设的关键问题。思政课从研制思政课学业标准入手,促进大中小学在思政课课程目标和教学内容上的一致性、顺序性、衔接性和递进性。要致力于推进基础教育阶段思政课学业质量评价一体化建设,探索开展各学段学生学业质量评价研究,诊断各学段学生思政课学习发展水平,为教学改进提供决策依据。

思政课教学要让新时代的思政课课堂教学更加重视学生"成为什么样的人""何以成为人"的价值,凸显人的成长在其中的重要定位。学科教学中的思政课渗透有其自身的特点,需要明确思政课渗透的主体和载体,研究思政课渗透的实施策略,重视思政课渗透的系统优化。要重新审视思政课教学的价值定位问题。2018年9月,习近平总书记在全国教育大会上明确指出,要在加强品德修养上下功夫,教育引导学生培育和践行社会主义核心价值观,踏踏实实修好品德,成为有大爱大德大情怀的人。这为思想政治课堂教学的价值追求提供了明确的方向。我们有自己鲜明的价值观,但是,我们在探讨问题、观察事物中,坚持避免筛选信息的价值观化,也就是把"求实"放在价值判断之上,先搞清"实"再进行价值判断。在教学方法上注重课堂形式的多样性和话语传播的有效性,避免附加式、标签式的生硬说教,要深入分析学生的学习需求、心理特征、成长规律和价值取向,坚持因事而化、因时而进、因势而新,引发学生的知识共鸣、情感共鸣、价值共鸣。

思政课一体化课堂,就是将教学目标、教学任务转变为能思能辨的情境问题,而后通过自主合作的方式,运用思考、辨析、辩论等手段解决情境问题,形成既完成教学任务,又提高学生阅读、思考、分析、比较、归纳、表达、运用等多方面能力的课堂教学模式。思政课一体化课堂的落脚点、着眼点是引导学生在获得新知识的同时,培养学生发现情境问题、分析情境问题、解决情境问题的能力,促进学生形成正确的情感态度价值观。新课程改革倡导的学习是一种以弘扬人的主体性为宗旨,以促进人的可持续发展为目的,由许多具体方式构成的多维度、具有不同层次结构的开放系统,是一种充分发挥学生情感、态度、兴趣和内驱力的学习。为此,在思想政治课教学中必须培养学生的思政课一体化意识,让学生带着情境问题思考,以情境问题的形式组织教学,从而达到《基础教育课程改革纲要》中提出的"培养学生搜集和处理信息的能力、获得新知识的能力、分析和解决问题的能力以及交流与合作的能力"的要求。

样态要素一:学习体验情境化一体化

体验情境化是一种在课堂教学活动中为展示教学图表和内容、展开教学过程、运用教学方法、完成教学任务而采取的最常用的教学基本手段或教学形式。

1. 体验情境化的基本要求

教师情境设置必须能引起学生思考,而且值得思考或辨析。提出的情境问题不论深浅难易,不论属于哪种类型,都是富于思考性的,都能启发学生通过思考获得知识和增长智慧;同时,启发性还体现在提出情境问题的方式方法,即引导学生不断探究情境问题,在探究情境问题中发现情境问题和分析解决情境问题,又在此过程中探究新的情境问题,以此来理解获取知识的学习过程和正确结论。

根据思政学科的特点,不同类型教学情境的差异分析,可以从如下几个方面加以考虑。在其他条件不变的情况下,① 情境涉及的行为主体越多,情境一般越复杂;② 主体之间的相互作用越强烈,情境一般越复杂;③ 决策要实现的目标越多,情境一般越复杂;④ 影响决策及其结果的因素越多,情境一般越复杂;⑤ 情境的不确定性越大,情境一般越复杂;⑥ 观点立场或价值观、利益越多样,且之间的冲突越大,情境一般越复杂;⑦ 情境所蕴含的价值、功能、作用越丰富多样,情境一般越复杂。

教师情境设置能揭示或符合知识产生和发展的规律,或者能体现知识发生的过程与方法,并能给学生以正确、周密的思维导向,使其产生判断行为。研究发展内涵,给情境运用以持续性和系统性。所有的情境运用都放在一个特定的系统内进行设计与实施,凡与当时教学内容相关的所有情境运用,都不能是彼此毫无关联的,而是必须成为一个有一定结构关系和逻辑联系的整体,即"情境问题群",并随之产生相应的"群式突破法"。

教师情境设置能够优化学科教学过程,营造一种积极向上、思维活跃的课堂气氛。总之,它是一种以使学生学会学习与创造为出发点,以思政课一体化为核心,组织思政课一体化、升展思政课一体化、不断做出知识

判断和产生创新"火花"（灵感）的发展性情境运用，旨在使教学方法运用不断优化和不断发展。注重发展实践，给情境运用以可行性与有效性。可行性，就是情境体验是关于某一对象（事实），这一对象（事实）必须存在，不仅能引起学生思考，也能使学生在思政课一体化后确实可以找到肯定的或否定的答案（因为答案终究是学习所追求的结果），否则，这种情境运用虽有一定的意义，但只是相对的，最终是不可行的。

2. 体验情境化的主要问题

如果教师对体验情境化缺乏理性思考，随意、主观地使用情境，便会出现许多空洞、泛滥、唐突、茫然却无意义的情境运用。这些情境运用不但不能为实现教学目的服务，反而还从某种程度上束缚或伤害了学生的思维，破坏了学生的智力发展。

为了适应改革过去"满堂灌"的课堂教学的需要，部分教师把体验情境化也改变成了一种教学过程，使课堂从过去严严实实的"满堂灌"变成现在热热闹闹的"满堂问"。于是，这部分教师课堂上的整个教学过程也就是"一问到底"。这样实际上就改变了体验情境化作为一种教学手段的本来属性。

3. 体验情境化的实现路径

让有社会温度的学习情境走进课堂。思政课一体化型的体验情境化，其核心是思政课一体化，那么这种操作方法的关键又是什么？笔者认为是思路。有人说：思路，思路，思政课一体化之路。这确实有道理，因为它是思政课一体化的过程和途径。思路的畅通、正确与敏捷，是保证思政课一体化顺利与成功的关键，所以进行思路指导，又是发展与落实思政课一体化型体验情境化的好方法。课程情境化设计，是指在教学过程中，教师有目的地引入或创设具有一定情绪色彩的、形象化的生动情境（实体的或虚拟的），引起学生一定的情感体验，使其更好地理解学习内容，以促进学习迁移。课程内容情境化的抓手是课程的主题，围绕课程主题，让学科课程内容与情境话题"统一思想，深化认识"，使两者融为一体。新课标将情境从难易程度上分为简单情境、一般情境和复杂情境。课程内容情境化的要求，一是选择恰当的情境。恰当的情境应该是学生需要的，应当契合课程主题。二是建构情境体系。根据课程要求，改良情境，排除干扰，使情境素材整齐有序。三是指向核心素养。在学生与复杂现实情境的持续互动中逐渐形成核心素养。针对体验情境化中的问题回答，教师要具体问题具体分析。

精心预设情境问题，在备课时既备教材，又备学生。情境问题来源于教材，来源于学生。教师要深入研究、分析教材，理清教材逻辑顺序，做一个有思想的教育者。同时，教师要善于发掘和剖析学生的思想困惑点，提升情境问题设计的针对性和有效性。只有把两者统一起来，教师设置的情境问题才能贴近学生的实际需求，吸引学生的主体参与，点燃学生情感和智慧的火花。要做到这点，教师必须具有深厚的积淀和丰富的学识。"问渠那得清如许，为有源头活水来"，丰厚的积累才能使教师设计的情境问题信手拈来，环环相扣，成为串起书本知识（间接经验）和学生生命经历（直接经验）内在联系的珍珠链，从而使教师的教学纵横捭阖、游刃有余，使课堂出现热情洋溢的美妙情境。比如，笔者在上"尊重群众与参加实践"一课时，设置了以下情境问题：什么是人民群众？人民群众在社会发展进程中的地位怎样？人民群众在社会发展进程中起什么作用？怎样看待我国都市里的农民工现象？知识分子是人民群众吗？为什么？（性质—地位—作用—现实呈现—学生困惑……）这些情境问题环环相扣、层层递进，既有理论的层面，也有现实的层面，既梳理了书本知识，也回应了学生的困惑，有助于学生树立马克思主义群众观，自觉走与人民群众的实践相结合的成长、成才道路。

立足精心设计的基础上，在上课过程中随机生成情境问题。这是教师的教育艺术和教育智慧的精髓所在，也是思政课一体化课堂的魅力所在。课堂上随机生成的情境问题都是课堂互动的结果，既有师生之间的思维碰撞产生的即时情境问题，也有学生之间因经验差异和观点不同产生的争议情境问题。这些情境问题的发现和形成需要教师具有对情境问题的敏感性和洞察力。教师要努力营造民主教学的氛围，要建立基于学术民主的新型师生关系。因此，这需要教师不断总结经验、不断学习反思和不断增强驾驭课堂的能力。教师要善于经营课堂，营造民主包容、充满关爱、及时给予学生心理支持的、有浓厚学术氛围的课堂环境，让课堂成为师生学术的讲坛，成为师生自由表达思想的讲坛。只有在这样的课堂环境里，教师才有可能"长袖善舞"，机智捕捉学生的困惑点，随机生成情境问题，有机融入预设的情境问题系列，适时个别点拨，引领学生分享。如前所述，笔者

在上"尊重群众与参与实践"一课时，在讨论人民群众含义的过程中，隐约听到有两位同学在辩论"'我'是人民群众吗?"。笔者敏锐地感觉到，这个情境问题大部分学生都不一定能想明白讲清楚，而且这个情境问题直接与学生能否树立正确的群众观相联系，是对学生进行科学价值观教育的好机会。于是笔者让这两位同学上讲台介绍他们各自的观点和分歧，发动全体同学分组讨论。有的同学说，"我"是人民群众的一部分，只有相信群众，才能培养对人民群众是"自家人"的亲密情感；有的同学说，"我"是水滴，人民群众是海洋，水滴只有汇入大海、融入海洋才不会干涸；有的同学说，人民群众是英雄的母亲，英雄永远是人民群众的儿子，因此，我们在人民群众面前要始终谦虚谨慎、戒骄戒躁……通过激烈的讨论交流，同学们对人民群众的内涵有了更深刻的理解，对马克思主义群众观所蕴含的社会历史意义更加深信不疑，对个人的人生意义和价值有了一次深入的思考。

样态要素二：教学思路思政课一体化

　　思政课的一个鲜明特征是理论观点的高度逻辑性。科学理论的力量在于它的完整性和内在逻辑性，范畴、观点、原理都蕴含着逻辑联系。这种逻辑性闪烁着逻辑思维和辩证思维的光辉，有利于培养学生科学的思维方法。逻辑由一个个紧密联系着的情境问题有规律地呈现出来，情境问题是逻辑思维的真实"外壳"。让知识要点情境问题化，让情境问题系列化，是打造思政课一体化课堂的要求。有逻辑地展开系列情境问题能启迪思维，能生发智慧，能点燃激情。系统的情境问题教学应成为打造思政课一体化课堂的有效路径。

　　思政课一体化性话题是对共同关注的同一事件、活动、情境问题或情境围绕一个中心或主题进行辨别分析活动的总和，具有思维性、共鸣性和多向性的特点。思维性是指思政课一体化性话题首先要能够激发参与者的思维活动。因为思维方式不同，看情境问题的角度不同，采取的方案不同，结论也就不同，通过改变思路可以调整出路。共鸣性是指思政课一体化性话题的参与者在思想、感情或认知上相互感染而产生共鸣的情绪。多向性是指思政课一体化性话题活动能指向多个发展方向，具有不确定性，而多个发展方向可能都有其合理性。

思政课一体化涵盖提出问题、分析问题、解决问题的全过程，这要求学生的思政课一体化性思维起点灵活，即能从不同角度、方向、方面运用多种方法解决问题；同时，要求学生概括、迁移能力强，善于组织分析，能得出多种合理而灵活的结论。对此，教师应做到以下几点。

1. 营造思政课一体化性气场，给予学生思政课一体化的自由

思政课一体化的自由能促进良性沟通与道德对话，让学生敢于发表个人看法，善于针锋相对，乐于坦诚相见。从这个意义上说，思政课一体化课堂应包容多元，为学生提供自由争辩的平台，创设民主、宽松、和谐的教学氛围，使学生的思政课一体化性思维不断走向深入、深刻。目前的思政课教学中，学生多为知识的"接收器"，他们更多是存储知识，也就是习惯于了解"是什么"的问题，而不善于独立思考，不能适应新情境和复杂情境并解决实际问题，也就是缺少"为什么"和"怎么做"的科学精神和实践能力。教师要引领学生全面而有个性地发展，使其拥有一个可持续的未来，要把培养善于批判、敢于质疑的公民理念放在首位，使学生能够适应未来的社会生活，为学生的终身发展奠定基础，这是思政课教学的重要任务。任何"思"都是从质疑开始的，并靠质疑推动。宋代哲学家朱熹说过，"读书无疑者须教有疑，有疑，却要无疑，到这里方是长进"。明代思想家陈献章说过，"前辈谓学贵知疑，小疑则小进，大疑则大进。疑者，觉悟之机也。一番觉悟，一番长进"。有了疑，思维才有了方向；有了疑，思维才有了动力；有了疑，思维才有了创新。

2. 开展思政课一体化性活动，鼓励理性思考，增强思想力，激发表达力

构建以问题为中心的思政课一体化教学，问题要明确，即明确课堂的主题或中心，还要注意该主题或中心与各个小问题的关系，要创设问题情境，激发学生思政课一体化兴趣，要创新问题角度，要注重问题的开放性、多元性和探究性，鼓励学生从多角度论证问题，问题并不设置标准答案。如创设"辩责任"环节，学生在独立思考的基础上激烈交锋，从"熟知"中发现"无知"，合理吸纳他人的思想观点，深化对社会情境问题的思考，启迪对生活的"复盘"、评估和前瞻。思政课一体化性活动可以采取学生独立思考、同桌互助、小辩论、团队辩论赛等形式，拓展学生的思维空间，提高学生的思政课一体化技能。活动中要注意协调性、有序性和可操作性的统一。指导学生全面辩证地看待情境问题，从个别走向一般，切口要小，

由"扶"到"放"。具体而言：

首先，点拨思政课一体化思路。当一些学生答不出来或者不敢答的时候，教师除了从心理上加以指导，提高学生答问的胆量和积极性以外，还要注意一个重要因素，即及时帮助学生找到回答这类情境问题所思考的方向、路线及"切入口"（"入题口"）等，即所谓帮学生接通思路，尤其在教师讲授或演示教学以后要进行情境运用，或者从这一个情境运用过渡到另一个情境运用的时候，更要恰当、及时地启发学生把思路接通，不要陷入茫茫思绪之中。

其次，拨正思政课一体化思路。当一些学生答得不对甚至完全相反或者答非所问的时候，教师就要及时反思自己的情境运用是否有问题，除此以外，还要帮助学生准确把握教师情境运用的内容与要求，把思路拨正，弄清楚情境运用要求回答的是什么，要用什么方法回答才正确。

再次，深拓思政课一体化思路。当一些学生对情境问题的回答虽然也不错，但欠深刻，缺乏独立见解，或者空洞浮泛的时候，教师首先要指出其原因是对情境问题的理解表面化，思路陈旧保守，只求"过得去"而不求"过得硬"，只有一般性思维而无发展性思维，更无创造性思维；然后具体对怎样的题目要进行怎样的思维展开启导与训练，使学生学会透过事物的表面现象看其实质，揭示事物的内在联系与特征，使学生对情境问题的理解达到应有的深度。例如，有一位教师的情境问题是："你们读了这篇课文，受到了什么样的教育？"而学生的回答是："我们受到了深刻的教育。"这个让人啼笑皆非的答案看来确实是不深刻。对于这样的回答，教师就要给予"是什么样的深刻教育""在哪些方面的深刻教育"，甚至"为什么会受到如此深刻的教育"等多类型情境运用的深拓思路指导。

最后，广开思政课一体化思路。当一些学生回答不全面、不完整的时候，教师就要加强对学生思维辐射、思路开阔的指导。指导学生思考情境问题时不仅要有求同思维，还要有求异思维；不仅要有形象思维，还要有抽象思维。思考时尽力多找几个立足点，多换几个角度，正面思考后再从反面思考，顺向思考后再逆向思考，等等。

3. 开展思政课一体化性评价，促进学生思政课一体化诊断

一方面，要鼓励学生参与评价，加强师生、生生之间的异向评价和质疑，引领学生合理吸纳他人观点，进行自我调节和有效回应，培养其客观评估和修正的能力。例如，创设"议责任"环节，引导学生勇于认识和评价自己，推动自我内修、自我完善和自我超越；创设"悟责任"环节，借助朴素的"穷人的孩子早当家""惯大不成人"这些民间谚语，以深度的思维碰撞引导学生剖析自己，不逃避，勇担当，较好地引导学生进行自我诊断从而提升公民素养。另一方面，教师要适时点化，关注学生思维方法的优化，评价学生知识认知的广度、深度和灵活性，语言表达的准确性和简洁性，论据选择的针对性和合理性，观点阐述的精准性及逻辑性，发现对方漏洞的敏锐性和反击性，等等。

样态要素三：合作探究思政课一体化

教学中，教师要根据指示内容开展辩论探究活动，培养学生的科学精神。通过设计可辩性主题，学生以独立思考、合作探究、分组辩论等方式形成理性思维，提高自身明辨是非的能力和分析、解决情境问题的能力。在开展辩论探究活动之前，教师首先要确定主题具有可辩性，通过争议让学生展开理性辩论。此外，辩论活动还应坚持从个体到集体再到个体的原则，让学生适应独立思考，通过集体探究和辩论碰撞思维，帮助学生个体形成科学精神。在开展辩论探究活动中，教师应设计合理的情境问题梯度供学生独立思考，营造民主氛围，设计争议情境让学生进行集体探究和辩论，鼓励学生主动表达自身观点，学会理性看待情境问题。

课堂增值有赖于课堂教法的改革，而课堂教法改革的本质是教学关系的调整和变革。教师和学生都是课堂活动的主体，都是具有特定目的和意识的人。课堂里的基本人际关系首先是师生关系，其次才是生生关系，这是课堂教学关系中密切联系、不可分割的两个方面。有效课堂教学的前提是这两对关系的良性合作。良性合作是指师生之间和生生之间互相信任、彼此友善、民主平等、团结和谐，为学习知识和追求真理而亲密合作。只有在良性合作环境里，教师才能真正打造充满激情的思政课一体化课堂，提升教学价值。

构建新型民主的教学合作关系关键在于教师。教师首先要切实转变教学观念，树立正确的课堂观和学生观；其次要切实改变教学方法，努力构建师生之间、生生之间的良性合作关系。教师应时刻考虑学生的学习环境，最大可能地将教法和学法统一。

1. **保证教师和学生之间的有效沟通**

教学实质上就是师生之间的交流和沟通在学生身上的体现，真诚的情感投入是前提。思政课教师要对学生充满爱心，把学生看作是独立、有思想的个体，才能和学生在情感上和人格上做到平等，才能保证课堂上的有效沟通和有意义的交流。这种沟通不是强迫式的，这种交流也不是对答式的，而是一种师生之间情感互动的结果，只有情感融合的交流才能充分保证课堂教学的有效性。同时，思政课教师对教学内容要有坚定信念，要充满情感，要自觉发掘教学内容的理论魅力、逻辑张力和思政课一体化色彩，最大限度地吸引学生对教学内容的兴趣。此外，在教学过程中，思政课教师应该充分利用准确、生动、凝练的教学语言和丰富的肢体语言，最大限度地激发学生的思想，促进学生的学习。

2. **保证学生和学生之间的有效沟通**

每个学生都是彼此的学习伙伴，学生之间在课堂上的良性合作蕴藏着巨大的学习潜力和生命智慧。美国明尼苏达大学合作学习中心的约翰逊认为："合作学习就是在教学上运用小组，使学生共同活动，以最大限度地促进他们自己以及他人的学习。"简而言之，合作学习是指学生在小组或团队中为完成共同的任务，有明确分工的互助性学习。在合作学习中，教学过程不只是一个简单的认知过程，同时还是一个交往和审美的过程。思政课的本色是理论和实践的统一，理论的力量在于它的真理性，而学生的共同使命就是追求真理。学生为了共同的使命和责任相聚在温馨的课堂里，他们是真正的"学友"。"独学而无友，则孤陋而寡闻。"只有坚持合作学习，才能更好地分享彼此的知识经验和生命智慧，才能真正做到理论联系实际，让理论鲜活地植入学生的心灵，播下真理的种子。

3. **在思政课的教学实践中有效合作**

"自习自研、全员互动"不失为一种有效的合作学习的课堂教学策略。这里的"全员互动"就包括师生之间、生生之间的合作互动，有对话式互动、讨论式互动、辩论式互动、讲演式互动、小品式互动、角色游戏互动等。"全员互动"不是徒有形式的合作互动，而是形式和内容有机统一的合作互动，是立足于情境问题的"自习自研"的合作互动。"自习自研"是指学生在课堂上独立思考、独立探究、自我习得的自主学习过程，有利于激发学生的主体能动性和学习内驱力，有利于培养学生独立的思考能力和独特的思维品质，这是"全员互动"的合作学习的基础。只有与"自习自研"有机结合，合作学习才能为思政课一体化提供不竭的源泉。

样态要素四：教学内容问题系列化

《普通高中思想政治课程标准（2017年版2020年修订）》（以下简称高中新课标）指出，要通过问题的引入、引导和讨论，推动教师转变教学方式，使教学在师生互动、开放民主的氛围中进行。问题与话题、主题的区别在于，问题是以活动形式呈现并承载学科内容的，是问题式教学的呈现形式，话题是引入和表现问题式教学的"时事"内容，主题是由问题式教学承载的"学科"内容。也就是说，问题是将主题置于话题讨论中。问题既包含学科课程的具体内容，又展示价值判断的基本观点；既具有开放性、引领性，又体现教学重点、针对学习难点。对于问题的讨论，教师不是泛泛地问"你怎么看"，而是要问"你为什么（或者凭什么）这么看"。

课堂上的思政课一体化设问对于启发学生的思维很重要，设计的问题不宜太难也不宜太易，要有挑战性，能引起学生积极思维，让他们有话说。我们可以针对一些政治经济现象，设置以下问题，启发学生思考：你同意这种看法吗？如果不同意，请谈谈你的看法；如果同意，是否还有补充？面对这样的提问，学生不能简单地说"是"或"否"。这些问题能使学生产生疑问，激发学生的思考。在思考中，教师引导学生仁者见仁、智者见智，大胆表达、各抒己见，学生在激烈的争辩中，在思维的碰撞中，分析问题、解决问题的能力得到提高。要引导学生学会自己质疑、自己解疑，深入思考，以提高思政课一体化思维。思政课一体化模式是一种以思政课一体化性为基本特征，以培养辩证思维见长的教学模式。新课程改革通过创新思政课教学方法和手段，调动学生学习思政课的积极性、主动性，从而让学生自觉地接受知识，增强教学实效性。但先进教学手段的应用和教学方法的变化多样不应该成为检验教学是否收到成效的标准，教师不应忽略思政课本身的理论性、思想性、逻辑性。

培养思政课一体化思维能力总是从问题产生开始的。根据这一特点，在思政课教学中，教师要根据学生已有的认知结构和思维层次，有意识地制造矛盾，设疑问难，强化学生的思维，以解决问题。此训练法是让学生针对过去一直被人认为是正确的观点或某种固定的思考模式敢于并且善于提出新观点和新建议，并能运用各种证据，证明新结论的正确性。这也标志着一个学生创新能力的高低。例如，运用材料：海南省临高县是个国家级的贫困县，直到现在，国家每年还要拨给这个县高达数千万元的扶贫资金。照理说，这样的地区应该精打细算，把每一分钱都用在刀刃上才对，可是最近却有群众向新闻媒体反映，说临高县正在建设一个大项目，花了好大一笔钱，可这个项目的价值和效益却让很多人看不清楚，想不明白。请学生思考："民心"工程为什么变成"民怨"工程？设计此问题，意在鼓励学生积极开展问题研究，养成质疑、反思、深钻、细研的习惯。每当遇到问题时，学生应尽可能地寻求其规律性，或从不同角度、不同方向变换观察同一问题，以免被假象所迷惑。

问题式教学的基础是以"议"为形式，以"育"为内容。问题式教学的实现形式是提示学生思考问题的情境、运用资料的方法、共同探究的策略，并提供表达和解释的机会。问题式教学是要学生去"议"，而"议"的具体形式，就是通过情境创设、方法指引、策略探究和发现陈述等方式，展示学生通过活动实现的关于学科内容的学习与落实。这是实现问题式教学的关键环节和基础形式。高中新课标提出应该采用多种活动方式，鼓励学生运用相关学科知识和技能，基于不同经验，运用不同视角，利用不同素材，表达不同见解，从而提出不同问题的解决方案。

第三节　思政课一体化课堂实现路径

一、用思维导图绘制哲学的思维网，拓宽思政课一体化思维的广度

我们知道，任何一个事物都体现哲学的原理，只是我们在研究时侧重点不同而已。古人云"不谋全局者，不足谋一域；不谋万世者，不足谋一时"，说的就是要建立大系统的思维模式。只有具有全局观念，把所有的原理都联系起来，才能准确认识事物。我们在学习哲学的时候，必须有全局的意识。系统性把握知识，将思维升华到系统的思政课一体化思维，从而打破学科界限，实现哲学课程的整体教育目的，避免思维目标的窄化。教

师应用思政课一体化思维导图的方式效果较好，能使学生明晰地感受到知识的内在联系。思维导图又叫心智导图，是表达发散性思维的一种有效的图形思维工具。思维导图非常形象，它能帮助学生快速建立知识点间的关联，把零散的知识点系统化、规律化、结构化，有利于学生调动知识解决实际情境问题。

二、变生活情境为思维的跑马场，提升思政课一体化思维的体验度

"一切理论都是灰色的，只有生活之树常青。"哲学教学要针对性地创设思维含量大、立体多层的生活化教学情境，培养学生的哲学科学精神。哲学教学方式的重构，必须遵循新课程改革所倡导的主题情境探究式教学，重构哲学教学方式的人文性、愉悦性、民主性、智慧性和开放性。重视主题线索的一线串珠，采用边演边悟的方式，引导学生积极主动地参与思政课一体化思维的生成过程，适时化虚为实，把抽象的哲学原理、方法论借助热点素材形象化地表现出来，增加哲学的体验性，让学生在实践活动中潜移默化地接受哲学素养的熏陶，从而提升其思政课一体化思维能力，建立起学生的思维路径。教师还要引领主题升华。实践证明，学生思政课一体化思维能力的高低，最终取决于自身参与教学活动的程度，学生的思政课一体化思维会在情境探究式教学中升华成一种思维力。

笔者曾经在讲授辩证法时，结合目前刷脸时代的生活创设了主题情境探究式教学模式，主要包含以下情境问题：

观点思维1：颜值就是人的外在长相。通过年轻帅哥的话题让学生体验和感受片面思维。

观点思维2：颜值不仅是人的外在长相，还包括内在精神。让学生明白看情境问题要全面，并幽默地引用歌词"我很丑，可是我很温柔"让学生体验一分为二的辩证思维。

观点思维3："女大十八变，越变越好看"凸显世界是变化发展的而不是静止不变的。

观点思维4："你颜值不高""我不丑，只是美得不够突出""情人眼里出西施"进一步突出矛盾双方在一定条件下的转化性。

这样一条热点贯穿的主线，学生非常感兴趣，参与度很高，哲学的辩

证思维活力得到激发,教学效果爆棚,有效避免思政课一体化思维达成方式的窄化,丰富而有韵味。

三、让跨界融会成为思维的助推器,提升思政课一体化思维运用度

哲学的基本理论源于生活,其实哲学本身就是生活,是一种生活方式。思政课一体化思维的提升源于人们生活的需要,是为了人们更好地生活,为了个体生命的发展。教师和学生都需要转变观念,摆脱传统教育功利式学习的错误心态,以跨界思维突出思维的运用性,以培养真正的哲学素养为目标,加强哲学训练,提高认识和判断水平。实际教学中,教师通过开展新闻图片展、辩论会、热评时事、小论文评比、时事竞赛等活动,让教学生活化,哲学道理生活化,学生变被动为主动。实践证明,哲学教育生活化的过程是提升思政课一体化思维的有效途径。

哲学上我们学过有关规律的思维。规律是事物运动过程中固有的、本质的、必然的、稳定的联系。规律具有普遍性和客观性,违背规律必然受到规律的惩罚。同时人有主观能动性。笔者在教学中主张"看好自家门,经常串串门",并以此进行跨界整合有关规律的情境问题。以"经济生活"视角为例:

思维困惑1:国家可以决定纸币的面值,但不能随心所欲地发行纸币。

思维困惑2:价值规律的表现形式和基本内容总是混淆。

思维困惑3:财政收入越多越好。

思维困惑4:找市场还是找市长?

探求下来会发现,这里面包含着共性的情境问题,都强调规律的客观性和普遍性。困惑1涉及纸币流通规律,即纸币发行量以流通中实际需要的货币量为限度,与待售商品的价格总额成正比,与货币的流通速度成反比。国家可以决定纸币的面值,但不能随心所欲发行纸币。困惑2涉及规律内涵中本质和现象的区别。困惑3涉及质量互变规律。困惑4体现要把尊重客观规律与发挥主观能动性有机结合起来。"有形手"与"无形手",手拉手,向前走。这样就实现了知识的融会贯通,有效扩展了学生的思政课一体化思维运用的广度,进一步凸显哲学的运用价值。

四、借变式训练增强学生思维训练灵活性，深化思政课一体化思维的深度

与其他模块相比，近几年哲学情境问题更加青睐思维含量大的概念性知识，突出思政课一体化思维的实证化过程，往往体现在对哲学情境问题的设置要求运用恰当的原理并说明理由，让学生知其然更要知其所以然。同时高考哲学情境问题的命题更加注重考查逻辑思维能力，注重不同逻辑关系的比较与区分，考查思维的严谨与缜密。重视演绎思维和收敛性思维，尤其是通过运用比较、排除、综合、概括等方法，最终确定一个解决情境问题的最佳方案的思维方式。例如2017年江苏高考政治卷：展望共享社区的未来，有人说，"共享是一种向传统的回归"。请运用一个最恰当的哲学道理评析上述观点。该题充分体现了演绎思维和收敛性思维的结合。

教学中，笔者以共享单车为例，采用变式训练的方法，对学生全方位进行思维变式训练。共享单车近期引发热议：有人认为共享单车在便民利民的同时有利于缓解交通压力，引导绿色出行，应鼓励。有人认为共享单车存在乱停乱放、车辆损毁被盗、押金去向不明等情境问题，应叫停。针对这段热议，可以进行多角度变式训练：

变式1：运用认识论知识，分析对于共享单车人们存在不同看法的原因。运用唯物辩证法的实质与核心的知识，结合材料，谈谈你对共享单车的认识。

变式2：运用矛盾的不平衡性原理，结合材料，谈谈你对共享单车的认识。

变式3：运用两点论与重点论的统一的知识，结合材料，谈谈你对共享单车的认识。

变式4：运用唯物史观的知识，结合材料，为解决共享单车存在的情境问题提出具体建议并阐明依据。

发散思维是要求学生从不同角度和方向去思考情境问题，寻求多样性答案的一种展开性思维方式。由于各种主客观条件的限制，学生思考情境问题容易简单化、单一化，缺乏多角度思考情境问题的能力。因此，教师平时要针对性地引导学生从多角度思考情境问题，提高发散性思维能力。构建综合性、立体式的变式思维培养体系是有序、高效落实核心素养的重

要保障。

总之，让哲学生活化，推动哲学学科的思维跨界，建立大系统的思维观，进行多角度全方位的变式训练，会使学生的思政课一体化思维得到质的提升和飞跃，会让思政课一体化思维走出窄化的泥沼，重获生机和活力，从而实现思政课一体化思维的重构，令哲学这朵智慧之花散发芬芳。

课例分析

《习近平新时代中国特色社会主义思想学生读本》一体化教学策略

　　素养本位是思政课各个学段课程设计的基本遵循原则，核心素养是否形成直接关系到课程目标的达成与否。思政课基本的教学理念是从核心素养出发，进行课程设计，最终实现这些核心素养。教材是课程内容的载体，《习近平新时代中国特色社会主义思想学生读本》（以下简称《读本》）是各个学段学生学习习近平新时代中国特色社会主义思想的重要教材。深入推动习近平新时代中国特色社会主义思想进教材、进课堂、进学生头脑，推动《读本》大中小学一体化教学势在必行。

　　大中小学学生学习习近平新时代中国特色社会主义思想如何能循序渐进、有机衔接是一个现实之问。为了解决这个问题，教育部组织编写了大中小学《读本》，自2021年秋季学期开始在全国统一使用。目前取得了一些实践经验，《读本》是推动大中小学思政课一体化建设的重要载体。如何将《读本》从教材体系向教学体系转化，是大中小学思政课教师共同面临的一个问题。如何做好《读本》大中小学一体化教学衔接，需要继续研究与实践。

　　《义务教育道德与法治课程标准（2022年版）》（以下简称义务教育新课标）指出，道德与法治课程旨在提升学生的思想政治素质、道德修养、法治素养和人格修养等，增强学生做中国人的志气、骨气和底气，为培养以实现中华民族伟大复兴为己任的有理想、有本领、有担当的时代新人打下牢固的思想根基。这是对义务教育道德与法治课程的基本定位。高中新课标指出，高中思想政治课程是落实立德树人根本任务的关键课程，以培育社会主义核心价值观为目的，是帮助学生确立正确的政治方向、提高思想政治学科核心素养、增强社会理解和参与能力的综合性、活动型学科课程。大学阶段,"毛泽东思想和中国特色社会主义理论体系概论"课程是承载习近平新时代中国特色社会主义思想内容最多的一门课程。该课程是为了使大学生对马克思主义中国化进程中形成的理论成果有更加准确的把握;对中国共产党领导人民进行的革命、建设、改革的历史进程、历史变革、历史成就有更加深刻的认识;对中国共产党在新时代坚持的基本理论、基本路线、基本方针有更加透彻的理解;对运用马克思主义立场、观点和方法认识问题、分析问题和解决问题能力的提升有更加切实的帮助。可见,思政课是帮助学生实现思政学科核心素养的定型,使学生坚定"四个自信",厚植爱国主义情怀,践行、坚持和发展中国特色社会主义事业,投入到实现中华民族伟大复兴的奋斗中。因此,核心素养是大中小学一体化的灵魂和桥梁。素养本位是思政课课程设计的基本遵循。

一、基于素养本位的《读本》一体化教学的样态要素

核心素养是课程育人价值的集中体现,学生通过课程学习逐步形成正确价值观、必备品格和关键能力。将《读本》从教材体系向教学体系转化需要树立正确的教学样态取向。

1. 树立立德树人的价值取向

思政课是落实立德树人根本任务的关键课程,核心素养不是抽象的人的素养,而是社会主义建设者和接班人的素养,所以,核心素养必须体现党和国家对社会主义建设者和接班人的要求。纵观《读本》在中小学阶段的4本分册,都着眼于学生价值导向、发展取向和需求指向,针对性引导学生辨识不同思想观念,在思维判断、价值选择等方面形成对主流价值观的认同。增强学生做中国人的志气、骨气、底气,为培养以实现中华民族伟大复兴为己任的有理想、有本领、有担当的时代新人打下牢固的思想根基。

2. 确立生活逻辑的内容取向

思政课以学生为对象,以生活为基础。学生在生活中成长,生活是成长的基础,是课程设计的底色。纵观《读本》在中小学阶段的4本分册,都以学生的真实生活为基础,增强内容的针对性和现实性,引导学生发现问题、分析问题、解决问题,提升道德理解力和判断力,强化规则、纪律、秩序、诚信、团结合作、冲突解决等教育。突出问题导向,正视关注度高、涉及面广的问题,生动展现习近平总书记的治国理政新理念、新思想、新

战略和执政为民情怀，使学生在情感认同的基础上实现价值认同。

3. 崇尚活动生成的策略取向

道德规范只有通过活动，在活动中认知、体验，才能真正转化为素养。思政课教学要按照"知识问题化—问题情境化—情境活动化—活动序列化"的单元教学思路进行设计和实施。初中《读本》第一讲"几代中国人的美好夙愿"的教学中，课前布置"梦想收集"任务，专题征集"我的中国梦"；课中邀请学生交流，学生以小组讨论的形式进行辨析，加深认识形成与认同的过程，由个人梦想再到中国梦，引导学生厘清国家富强、民族振兴、人民幸福三者之间的关系。《读本》教学设计基于学生生活开展丰富多彩的社会实践活动，鼓励学生在社会实践活动中积极探究、交流、体验、理解，使他们内化道德规范和法治规则，并通过践行道德与法治规范，促进核心素养的形成。

4. 重视能力提升的评价取向

新时代思政课的课程目标改变传统的"教给学生什么"模式，更加重视"学生学会了什么""学生可以做什么"。即从原有的重知识评价、轻能力评价转向在知识目标达成基础上的能力目标和价值目标的达成。纵观《读本》在中小学阶段的4本分册，除了引导学生掌握"KNOW"的知识体系，更加注重"DO"的分析能力和解决问题能力的运用。这就为后续大学阶段的衔接奠定了能力基础。

二、基于素养本位的《读本》一体化教学的价值意蕴

价值性是思政课教学的本质属性，思政课承载着课程的育人价值指向。纵观《读本》在中小学阶段的4本分册，围绕立德树人的核心概念，"党的领导""中国梦""人民群众"等关键词贯穿其中，旨在提升学生的思政素质、道德修养、法治素养和人格修养等。中国特色社会主义理论体现的社会主义核心价值观，是特定社会规范下的价值体现。

1. 有利于学科核心素养"增值性"

人的道德认知、情感和行为的变化更多地体现在前后相继的过程之中，核心素养的形成是一个长期、复杂的过程。只有一体化设计才能把握学生成长不同阶段的不同特点，确保育人目标、课程内容、呈现方式等能适应不同阶段学生发展的需要，从而实现义务教育学段的有机衔接和有效进阶。基于素养本位的《读本》一体化教学系统全面地讲述了习近平新时代中国特色社会

主义思想的核心要义、理论与实践贡献、思想方法、理论品格和历史地位。《读本》从小学低年级分册关注感觉和知觉,到小学高年级分册要求进阶到知道、懂得、记住等具有表象意义的感性认识最高阶段,学习内容开始进入抽象概念阶段。《读本》初中分册上升到理论学习高度,学习要求进一步提升为对理性概念和对判断推理的了解、认识和理解,学习内容主要为较为完整、深刻的理性认识的结果。《读本》高中分册涉及核心理论在实践中的运用,体现了理性认识在实践中的高水平回归过程。

2. 有利于消除学生"倦怠感"

思政课一体化指向人的全面发展,是德育的本然之意,建构思政课一体化,需要学段联动、资源共享、平台共建、评价科学,循序渐进地推进一体化育人格局的构建。现实教学中存在系统思维欠缺整体建构、割裂思政课内容衔接与贯通、缺少层次性与递进性等问题,非连续性雷同难免让学生厌烦,进而使其产生倦怠感。基于素养本位的《读本》一体化教学,能够着眼于整体,同向同行。找到各自学段《读本》教学目标的层次性与衔接点是一体化教学的着力点和落脚点。例如初中《读本》第三讲统筹推进"五位一体"总体布局的教学内容和高中《读本》第五讲关于总体布局的教学内容就可以进行一体化的核心素养政治认同的建构,坚持共性和个性具体的、历史的统一,从而做到"和而不同"的教学衔接性,有效避免内容、方法和思维方式的简单重复给学生带来倦怠感。

3. 有利于缓解教师"独角戏"

高中新课标要求"构建以培育思想政治学科核心素养为主导的活动型学科课程"。思政课确定了建构"基于生活—反思生活—回归生活"的教学路径,《读本》教学也应落实这一要求,在议题的引导下开展多样的课堂活动,培育学生的学科核心素养。在《读本》教学中坚持素养导向,开展形式灵活多样的活动,利用小组合作探究、时政播报、教育戏剧表演、辩论赛、知识竞赛等多种形式丰富学生的课堂体验,有利于缓解教师"独角戏"现象,提升教学的吸引力。

4. 有利于打破学科"孤岛效应"

《普通高中思想政治课程标准(2017年版2020年修订)》指出,高中思想政治课程具有学科内容的综合性、学校德育工作的引领性和课程实施的实践性等特征,它与初中道德与法治、高校思想政治理论等课程相互衔接,与时事

政治教育相互补充,与高中其他学科教学和相关德育工作相互配合,共同承担思想政治教育立德树人的任务。基于素养本位的《读本》一体化教学是属于"大思政"格局,需要主动借助其他学科的力量联合开展课程开发、集体备课、教学研究等活动。《习近平新时代中国特色社会主义思想学习纲要》指出,把学习领会习近平新时代中国特色社会主义思想,同学习党史、新中国史、社会主义建设史、改革开放史贯通起来,同进行伟大斗争、建设伟大工程、推进伟大事业、实现伟大梦想的实践贯通起来。这样会形成课程合力,同向同行,形成协同效应,提升育人效果,从而有效避免不同学科协同性不强而形成"孤岛效应"的问题。

三、基于素养本位的《读本》一体化教学的多维建构

1. 沟通生活,深掘"具身性"教学情境

境域性是核心素养培养的存在样态,是特定情境下序列化问题的载体,核心素养是在具体情境中对理解的个性化表达。新样态核心素养的培塑,要找准生活经验的契合点,重在发挥思政课作为活动性学科课程的特质。"讲好中国故事、传播好中国声音、阐发中国精神、展现中国风貌",抓住情感体验的共鸣点。《读本》小学低年级分册在第三讲"走进新时代"中从学生"看到什么"的直观角度,通过大量图片展示了低年级小学生喜闻乐见的实践活动,让低年级小学生直观感受新时代。通过"故事讲述+理论解读"的方式,学生的爱国情感受到启蒙,学生能懂得观察身边与时代息息相关的现象,初步感受自己所肩负的责任,树立与时代同行的意识。思政课程要彰显学科育人的时代价值,连接社会热点问题,凸显时代感。学生在关注这些热点时,学会多角度思考问题。例如北京冬奥会,它是文化角度的"浪漫冬奥",运用开幕式上的二十四节气倒计时、闭幕式上的折柳送别、吉祥物及奖牌设计、"雪如意"场馆、冬奥会运动员菜品等热点,让学生体会传统文化、文化自信、文化多样性、文化差异等;它是道德角度的"感动冬奥",运用冬奥会志愿者、小男孩吹响《我和我的祖国》、脸颊带泪的冬奥升旗手等热点,让学生体会与人为善、换位思考、美好集体、服务奉献社会、爱国主义等。

2. 融通学段,坚持循序渐进的根本遵循

同样是上思政课,大中小学教师"各管一段"的现象普遍存在,大家基本是"背靠背",各自只管讲好自己这一段。一体化核心素养培塑的新目

标、新任务，要求不同学段的思政课教师"协同作战"，完成好教学接力。中国梦是《读本》学习的核心范畴，是凝聚不同学段学生信仰的最大公约数。历史是凝固的现实，让历史告诉现实。"历史是最好的教科书，也是最好的清醒剂。"《习近平新时代中国特色社会主义思想学习纲要》指出，把学习领会习近平新时代中国特色社会主义思想，同学习党史、新中国史、社会主义建设史、改革开放史贯通起来。现实是流动的历史，让未来告诉现实。提升学生的认知水平和精神境界，让红色基因、革命星火代代相传。世界观决定方法论。引导学生形成实事求是的科学态度，不断提高学生的科学思维能力，增强学生分析问题、解决问题的实践本领，使其依靠学习走向未来。4册《读本》都对中国梦进行了不同角度的讲解。《读本》小学低年级分册第四讲"我们的中国梦"，回答"该有什么梦想"的问题。《读本》小学高年级分册第一讲"伟大事业都始于梦想"，回答了"如何实现梦想"的问题。《读本》初中分册第一讲"中华民族伟大复兴的中国梦"，道出中国梦的实质。《读本》高中分册整体上从国家的具体战略规划，论述实现中国梦的战略布局。

3. 连接社会，彰显学科育人的时代价值

习近平总书记指出，坚定理想信念，坚守共产党人精神追求，始终是共产党人安身立命的根本。他形象地表示，理想信念就是共产党人精神上的"钙"，没有理想信念，理想信念不坚定，精神上就会"缺钙"，就会得"软骨病"。理想信念是理想之光，照亮奋斗之路；理想信念是信仰之力，开创美好未来。所以，思政课必须站在铸魂育人的高度，对学生进行理想信念的价值引领。

连接社会热点问题，凸显时代感。把问题和观点放到现实情境中，把知识学习和能力提升引导到对问题的思考和解决中。渗透热点，根据所复习的知识点，搜寻相关热点新闻，创设真实的问题情境，从不同角度激发学生思考，把不相关的知识点串起来，活化和整合知识点，提升学生的知识迁移能力，培养学生的发散思维能力。避免说教，增加复习课的吸引力。《读本》在编写时按照从具体到抽象、从感性体悟到理性认识的认知规律，科学编排不同学段分册内容，因此，我们要遵循认知秩序：从具体到抽象再到具体的过程。《读本》收录习近平总书记参观国家博物馆"复兴之路"展览的时代情境材料，教师在此基础上，进行资源素材的加工，引申发散

成三个议题：用心体会"雄关漫道真如铁"的苦难之重有哪些？如何走出"人间正道是沧桑"的复兴之路？青年人怎样树立"长风破浪会有时"的坚定目标？从与学生成长、国家发展密切相关的现实问题谈起，引导学生运用理论，分析和解决问题，增强实践创新能力。教师要把道德与法治教育的方向引领与学生的发展有机统一起来，彰显学科育人的时代价值。

参与社会场域实践，避免孤岛感。学科素养上从感性认知到理性认知。例如，《读本》初中分册第八讲"党中央是坐镇中军帐的'帅'"使学生认同中国共产党的领导并自觉拥护中国共产党的领导。《读本》高中分册第三讲"领导力量：深化对中国共产党领导的认同"，形成了如下教学目标：引导学生深刻理解和领悟党的立场、宗旨和使命，坚定党的领导，培养学生政治认同。引导学生准确理解人民性是马克思主义最鲜明的品格，全面理解以人民为中心的内涵，培养学生的辩证思维和科学精神。引导学生深入体会党的宗旨、使命和以人民为中心的思想，从而积极投入到新时代中国特色社会主义建设实践中去。

提升服务社会能力，彰显价值感。《习近平新时代中国特色社会主义思想进课程教材指南》在学段要求中指出，初中阶段重在感性体验和知识学习相结合，促进形成基本政治判断和政治观点，打牢思想基础。主要以具体事实、鲜活案例、生活体验和基本概念，引导学生进行初步理性思考。例如十三届全国人大常委会第三十一次会议于2021年10月23日表决通过了《中华人民共和国家庭教育促进法》，教师围绕热点设计一系列问题：第一环节调查研究，搜集材料，设计议题。家庭教育从"家事"变成"国事"的过程，就是我国人民民主的实现过程。结合材料，运用有关知识加以说明。第二环节展开论证。有人认为，家庭教育立法，变相增加了家庭教育负担，给了家长更多的约束。请你对此观点提出两点予以批驳的论点。第三环节公共参与。青少年的声音汇集起来也可以改变世界，同学们通过这次社会实践活动，撰写了家庭教育法实施的建议。他们准备将建议通过多渠道送给相关人员或部门。从中任选两个渠道，结合知识论证其可行性。

4. 评价引领，构建一体化的教研体系

教育评价是教育的指挥棒，事关教育发展的方向。2020年10月，中共中央、国务院印发的《深化新时代教育评价改革总体方案》指出，要系统推进教育评价改革。为全面落实新时代教育评价改革的要求，思政课评价要围绕学生发展核心素养，发挥评价的引导作用，改进结果评价，强化过程评价，探索增值评价，运用多种评价方式，发挥评价的诊断、激励和改善功能，促进知行合一。思政课评价应该指向核心素养，基于核心素养，开展综合素质评价，发挥评价的引导作用。自我反思、自我教育、自我改进，发挥以评促教、以评促学、以评育人的功能。及时调控各种因素，使之朝着有利于学生成长的方向发展，发挥评价的激励和改进功能。根据《读本》不同的学习目标和学习内容，测评的侧重点也有所不同，评价标准呈现阶梯上升的趋势，共同推动《读本》评测体系的一体化提升。采用逆向思维来看，《读本》高中分册的测评要点则应该是理论知识的认同情况和实践创新的开拓情况。《读本》初中分册的测评要点应该是理论常识的掌握情况和社会实践的参与情况。《读本》小学高年级分册的测评要点应该是正确思想观念的发展情况和生活实践的体验情况。《读本》小学低年级分册的测评要点应该是思想情感的启蒙情况和行为习惯的养成情况。

  在评价引领下，需要构建一体化的教研体系。形成常态化的共同体教研机制，强调跨学段，增强实践性，共享思政课资源，搭建一体化的教研平台，共同探讨教学中存在的普遍问题和特殊困难。共同体采用线上线下混合式的研修模式，促进共同体成员之间学习交流，协助发展，教学相长，以形成开放式的研修共同体。共同体借助互联网平台对线下的传统教研模式进行扩容和自洽，多维度构建教育教学情境，共同体成员在虚拟的空间学习海量的思政课资源，树立共同的目标和价值取向。共同体采用百家争鸣的方式，进行探究探讨，围绕一条主线，共同体成员进行同课异构，相互切磋，形成共鸣。在课程资源上，搭建大中小学思政课课程教学的资源库，方便教师高效率地获取各学段备课资料，便于教师在备课过程中考虑各自学段与其他学段之间的联系和衔接。

  《读本》和思政课教科书都是"学生学习习近平新时代中国特色社会主义思想的重要教材"，都是为了"通过学习，学生能不断深化对习近平新时代中国特色社会主义思想的系统认识，逐步形成对拥护党的领导和社会主义制度、坚持和发展中国特色社会主义的认同、自信和自觉"。如何做好《读本》教学的大中小学一体化衔接，仍然需要继续研究与实践。

第五章 思政课一体化评价建构

习近平总书记在学校思想政治理论课教师座谈会上提出的大中小学思政课一体化建设目标，为新时代推动思政课发展指明了方向。提高全民德育素质水平，构建高水平素质教育一体化教学体系和评价体系是当今思政课教学的重难点。为了更好地提高学生的德育水平，教师要开展思政课一体化教学，突破传统教育理念束缚，将理论知识变得生活化，注重整体与部分的辩证关系，加强知识点之间的连接，培养学生的家国情怀，尊重客观规律，发挥主观能动性，为向社会提供全方位高素质创新型人才而努力。要不断创新思政课一体化教学模式和评价体系，激发学生的学习兴趣，为学生营造一个良好的学习空间。

第一节 思政课一体化教学评价背景

一、思政课一体化教学的内涵分析

思政课一体化教学主要指的是将思政理论与相匹配的课程相联系，通过理论联系实践，构建不同的课程体系，注重开展理论教学、主题学习、案例学习和社会实践，培养学生正确的世界观和荣辱观，学生通过系统化学习，树立积极向上的人生态度；建立特色鲜明的保障机制，构建高效的思政课教学，为学生营造积极向上的思想环境。课程体系是指在一定的教育理念下展开思想体系教育，探求课程的思想元素，将课程中的思想要素与教学目的相结合，构建教学体系。因为每一门课程都有其自身的特点，要想更好地展开思政课一体化教学，就要具体问题具体分析，结合课程特点构建具体框架。要构建人才培养框架，运用科学的课程体系提高学生的思想水平，在推动学生思想发展的同时，教师也要加强课程建设，提高自身的教学水平，与学生共同进步。要注意结合学生的发展规律，展开理论教学与实践教学，让学生真正懂得人生哲理。通过将理论教学与实践教学相结合，构建两个教学阶段和四个学习领域。两个教学阶段主要指的就是理论教学阶段和实践教学阶段，之所以重视理论与实践相结合，是因为传统的思政课一体化教学忽略了这一教学重点，学生通过学习只懂得理论知识，不懂得实践应用；四个学习领域主要是围绕着一个教学目标展开，四个领域之间既相互独立，又相互依存，所以教师要注意结合教学框架展开四个领域教学，从而构建高效的思政课一体化教学模式。

二、思政课一体化教学的问题溯源

传统的思政课一体化教学不注重知识点之间的连接，并且没有有效地将理论教学与实践教学相结合，这种教学理念不适合当今快速发展的社会，不利于培养学生独立思考的能力，更不利于开展思政课一体化的教学评价。新时代要求培养全方位、高素质的创新型人才，要注重核心素养教育和德育。以往的思政课教学没有结合学生的个性特点展开，教师没有站在学生的角度思考问题，导致学生没有真正地成为课堂主人。教师一味地进行抽象理论概念讲解，拉大了师生之间的距离；教师没有及时与学生沟通，进而不能及时了解学生的学习状况和心理动态。并且固有的思政课教学只注重理论文化课的传授，使得学生认为思政课教学只是为了应付考试，没能懂得其创设的真正意义。事实上，教师这种教学理念是错误的，不利于思政课一体化教学的展开。要想提高思政课一体化教学的评价质量，教师就要增进师生之间的沟通，结合学生的个性特点，构建个性化的思政课一体化教学模式，结合现今问题，准确分析问题并提出解决方法，从而做到具体问题具体分析，将理论教学与实践教学相融合。教师要站在学生的角度思考问题，明确教学方法和教学思路，结合学生的心理动态和个性化特点，制订教学方案和计划。传统的思政课一体化教学模式忽略了学生的心理动态，只注重学生的文化课成绩，并且传统评价学生好坏的标准是看学生的文化成绩，这种评价方式不够公平也不全面，学习成绩好并不代表该学生是一名优秀出色的学生，要想公正评价一名学生，既要看学生的学习成绩，更重要的是看学生的综合素质,即学生的德智体美劳是否符合当今时代发展的需求,从全方位的角度评价学生。所以要想更好地开展思政课一体化教学,就要改变评价学生的模式,多方位了解学生,进而促使学生全方面发展,激发学生的学习兴趣,调动学生的主动性。要有效地找出教学问题及其原因,并结合原因展开具体分析,切不可一成不变地进行思政课一体化教学。要灵活运用教学模式,不断创新思政课一体化教学方法,有效地利用教学器材和教学资源,建立高效的思政课一体化教学,让学生在学中玩,在玩中学,从而使其在不知不觉中懂得思政课教学的真实意义。要弘扬社会主义核心价值观,培养学生的爱国意识,使学生懂得助人为乐、无私奉献、一心为公的重要性。教师要在学生的成长道路上给予其正确的指引和帮助,促使学生健康成长,为学生营造积极向上的人生成长环境,突破传统教育理念的束缚,将核心素养教育融入思政课一体化教学,开展更为全面的德育,提高学生的道德素养。

第二节 思政课一体化教学评价样态

一、一以贯之的教育理念

随着经济水平的高速发展,当今物质水平已经极大丰富,人们开始更加注重思想教育。因此,传统的思政教育理念已不能迎合课程体系的要求,教师要结合时代的发展,不断更新教学目标和理念。传统的教学评价理念只重视理论知识的传授,教师要摆脱这一教学评价理念的束缚,使片面化的教学形式变得实际化,将理论教学评价与社会生活相结合,将核心素养教育作为思政工作的重点,提升学生的综合素质,促使学生德智体美劳全面发展,为社会培养创新型人才。建立高效的学习方法,帮助学生摆脱学习困难,学生通过系统化的思政教育学习,进而可以快速地融入社会。传统的教学评价理念忽视了学生即将融入社会的问题,使得教学模式过于刻板单一,学生不能很好地适应社会的节奏。强调学习,忽视实践,会使学生不懂得如何与人交谈。新时代教学评价理念要求将学习和实践两个路径充分融合起来,开展双向模式教学,既要发展理论教学,又要发展实践教学，拓宽学生的学习方法和思路。有意识地培养学生的职业素质和社会生活素质，为学生日后走入社会打下坚实基础。促使学生全方位发展，理论知识的传授固然重要，但过于追求片面化教学会使学生产生错误的观点。要弘扬中华优秀传统文化，将生活中的优秀文化融入教学中，使学生懂得思政课教学来源于生活，并为生活所服务。文化兴则国家兴，文化强则国家强，学生作为新一代的未来，是祖国的花朵，是民族的希望，要不断更新教学方法和教学理念，进而有效地推进思政课一体化教学的顺利开展。学生通过系统化学习，可初步掌握基本的职业素养和社会生活素质，这使得思政课一体化教学不再仅局限于知识的传授，而是真正将核心素养教育融入思政课一体化教学中，培养学生的实践品格。尊重学生的意见和建议，将学生摆在主体地位。新时代的教育理念注重培养学生的创新能力，创新推动着社会的发展和进步，理论知识的传授会丰富学生的知识储备，而实践教学会帮助学生更好地应用知识内容。教师要抓住学生的性格特点，搭建让学生能更好表达自我才能的平台，采取鼓励式教育，增强学生的自信心，构建多样化的思政课一体化教学。在学生面对困难时，教师要给予耐心的劝解和引导，运用新的教育理念激发学生的进取心，使学生在面对困难时不轻言放弃，勇于拼搏，最终成为对社会有用的人才。

二、梯度合理的教学目标

要想更好地开展思政课一体化教学评价，首先要明确教学评价目标，明确的教学评价目标有助于建立清晰的教学思路。新时代思政课一体化教学目标是让学生通过系统化学习，从而成为建设中国特色社会主义现代化的合法公民。因此，教师要结合该目标设置教学评价体系，运用科学的理论体系展开具体化评价。可以将这一评价目标分为四个小目标：第一个小目标是学生通过系统学习，懂得必要的科学知识和理论；针对基础理论知识的传授，通过更为具体化的理论传授方式，学生初步懂得相应的科学知识，夯实学生的基础知识，为拓展学习内容做好准备。第二个小目标是培养学生树立正确的情感，学生正处于一个心智发展的关键阶段，在遇到问题时很容易会产生叛逆心理，心理健康问题成为当今社会关注的热点话题，因此要帮助学生树立正确的情感，增进与学生之间的沟通，及时了解学生的内心动态，加强心理疏导教育，让学生可以积极向上地面对人生。教师

作为学生成长道路上的导师,要起到带头示范作用,为学生树立榜样,让学生向其学习,从而使学生有一个良好的情感环境,有利于培养学生树立正确的情感。第三个小目标是让学生掌握合理的学习方法和总结方法,教师的理论传授固然重要,但是要想真正让理论知识转化为自身的知识储备,学生需要通过不断练习从而掌握自己的学习方法,使得学习的知识可以为自己所用,达到学以致用的教学目的。第四个小目标是养成健康的生活方式,一个习惯的养成是一个循序渐进的过程,学生的自主学习能力相对于成年人来说较差,因此需要教师和家长的督促和引导,教师监督学生的校园生活,而家长则监督学生的课后生活,教师和家长要增进沟通和交流,从而使双方可以及时了解到学生的学习情况和课后生活,因此结合实际情况制定更为精准的教学目标。其中前三个小目标是最后一个小目标的必要准备,学生只有建立积极向上的人生态度,掌握基本的知识,运用合理的方法灵活运用基本知识,才能真正养成良好的学习习惯和生活方式。由此可见,四个小目标缺一不可,教师要端正自己的教学方法,灵活转化四个小目标之间的关系,使其真正发挥应有的作用,让学生可以真正达到这四个小目标,进而成为社会主义现代化建设的接班人,运用自己的才华推动国家和社会的发展,成为新一代的有志青年,为建设高素质社会做出自己的贡献。新时代,新发展,新要求,教师要不断转化教学理念,确立科学的教学评价目标,结合教学目标开展思政课一体化教学,帮助学生构建正确的人生观,让学生向着健全的实践人格发展。

三、适切多彩的教学方法

好的教学方法在开展思政课一体化教学评价工作中会发挥事半功倍的作用,要结合时代发展的需求创设多种教学方法,在开展理论教学评价时,教师可以运用多样的教学模式增进师生互动,例如运用理论阐述、小组合作、情境化教学、运用案例等方法展开理论教学评价。当今时代的学生,兴趣广泛、好奇心强、求知欲盛,他们往往不满足于泛泛的论述,而希望听到强有力的例证。思政课教师要有家国情怀,在与学生沟通达到情感共鸣的基础上,逐渐引导学生从感性认识上升到理性认识,引导他们树立担当意识,做合格接班人。教师讲好思政课,要尽量避免翻来覆去地举一些老例子,而要举一些学生平时耳闻目睹的事例,增强亲近感和现实感,让学生真学、真懂、真信、真用。运用理论教学评价展开实践教学评价工作，指导学生通过自我学习和实践学习理解抽象概念，加强主题教学活动，灵活运用集体活动培养学生的集体观和团队意识。结合小组合作教学法，展开小组讨论和竞赛演讲，让学生通过演讲比赛或其他活动提高自己的语言表达能力，也变得更加乐观外向，对于性格内向的学生，要鼓励他们敢于突破自我。在进行案例教学环节，教师可以结合学生的亲身经历加以开展，可以先让学生进行自行讨论和思考，教师在这一过程中给予理性的分析和判断，使学生可以更好地参与到社会实践当中。丰富学生的实践内容，告知学生在学习过程中要注意实践积累，在实践活动中积累学习素材，使学生可以更好地参与课堂教学活动。在开展思政课教学一体化过程中，教师要注意摆正自己和学生的位置，平等地对待每一位学生，建立健全教学评价体系，结合科学的评价体系，积极了解学生的内心动态。通过运用精准的评价数据开展思政课一体化教学，充分利用相关的教学资源和课程，将实践学习与思政理论课程有机结合起来。制定更为科学化的教学标准，将知识储备、理论教学、素质教育、学习能力、实践方法与生活方式进行结合，进而制定更为严谨的教学标准，丰富教学标准的评价内容，做到更为公正的教学评价。建立思政课一体化教学评价课堂，提高学生探究学习的能力。新课程的发展性评价十分注重学生个体的参与，要把活动的评价过程当作为被评价者提供一个自我展示的平台和机会，将理论实践教学贯彻到思政课一体化的全过程。

第三节　思政课一体化教学评价路径

一、注重将理论教学与实践教学相联系开展评价

将理论教学与实践教学相结合是课程体系的基本要求，要注意将基础概念与生活案例相融合，明确教学方案，合理分配教学时间，制订精准的授课计划、教学设计方案和教学组织方案，把实践教学落到实处。理论教学可以划分为48个课时，而实践教学至少要有16个课时，只有合理分配教学时间，才能真正落实理论与实践相联系。在评价过程中，要正确认识

理论教学与实践教学之间的关系，理论教学顾名思义是一个理论问题，实践教学就是一个实践问题，两者之间并不是相互独立的，而是相互联系的。俗话说世界是一个整体，各个部分都是世界的组成，各个部分之间也是相互联系的。因此在开展教育评价过程中，理论教学和实践教学也是一个整体，分开教学是为了将其变得更为细致化和具体化，而结合教学是为了让学生形成清晰的逻辑思路，懂得理论和实践的重要性。以往的思政课一体化教学只重视理论教学，一味强调理论的重要性，而忽视了实践教学，并且理论教学过于片面化。过于强调理论教学而把实践教学排除在理论教学课堂之外，或是过于强调理论教学，把实践教学当成思政课一体化教学中可有可无的部分，或是分开讲解理论教学和实践教学，没有抓住两者之间的连接点，这几种教学方法都是错误的。新时代强调立德树人，教师要将理论教学与实践教学高度融合，以开展教育评价工作。然而高度融合是一个循序渐进的过程，教师切不可急功近利，过于追求教学进度，要理性分析问题，站在实事求是的角度开展理论教学和实践教学的评价工作。要注意结合客观情况，从而更好地理清教学评价思路。由于一些客观原因，教师很难做到理论教学和实践教学评价常态化，要具体情况具体分析，可以制定两个教学阶段，一个是理论教学阶段，该教学阶段主要以课堂知识传授为主；另一个是实践教学阶段，该教学阶段则主要是以课外活动为主，在保证完成基本理论教学的前提下，适当拓展实践课堂，从而丰富学生的知识储备，改变学生以往固有的错误观点，让学生从生活中发现美好事物，使学生感受到思政教育在生活中的重要性。通过两个阶段的教学，教师可以构建更为系统化的思政课一体化教学，使其变得更为科学和具体。在开展两个教学阶段的思政课一体化教学时，教师可以引入四个学习领域，从而更好地推进实践教学阶段，减轻教师和学生的压力，使学生可以更好地展开实践活动，丰富学生的兴趣爱好，迎合新时代的教育理念，开展个性化的实践课堂。

二、将四个学习领域引入思政课一体化教学评价工作中

四个学习领域主要是根据"双元制"教学理论将学习领域分为四个部分，从而更好地开展教学评价工作，分别是理论教学、主题教学、案例教学和社会实践。第一部分理论教学主要指的是理论知识的传授，在这一过

程中，教师在课堂上居于主导地位，学生处于被动聆听的状态，教师对难点重点进行着重讲解，学生通过学习初步掌握基础知识，教师在理论传授时要注意夯实学生的基础知识，帮助学生熟练掌握理论概念。第二部分主题教学主要是以学生为主，让学生在课堂上占主导地位，培养学生的独立思考能力，调动学生的积极性，教师采用多样化教学模式，丰富学生的学习内容，增强学生的自信心，让学生成为课堂上真正的主人。以往的思政课一体化教学评价工作不注重结合学生的发展规律，学生过于依赖教师，这不符合新时代的教育理念。要想让学生摆脱对教师的依赖，进而面对问题时首先不是寻求教师的帮助，而是进行自我思考，教师就要注重主题教学评价活动，运用主题教学评价活动培养学生的自主思考能力，鼓励学生大胆探索，结合所学知识进行自我总结，从而更好地帮助学生构建逻辑框架。培养学生的学习能力和方法，运用小组教学法增强学生的团队意识。培养学生的创新能力，抓住学生的好奇心，结合主题教学评价活动开展研究性学习。第三部分案例教学主要是将理论知识与生活案例相联系，让学生将理论知识带入生活中，使抽象的概念变得具体化和生动化，便于学生理解和记忆，使枯燥乏味的思想教育变得生动有趣起来。同时案例教学也是将理论教学与主题教学结合起来的一种教学方法，它将教师主导和学生主导有效结合起来，运用生活中的典型案例开展思政课一体化教育评价工作，从而增加师生之间的互动，拉近师生之间的距离，优化学生的思想意识。也可引入学生的亲身经历，使学生身临其境地领悟和感受人生哲理，解决实证问题。第四部分社会实践，教师结合学生的发展规律制定一些实践活动，让学生亲身操作，从而更好地将理论知识融入生活中，这一部分的教学使原有的思政课一体化教学评价工作不再局限于书本上知识内容的传授，而是让思政课一体化教学评价工作从教室走向生活，运用社会实践活动提高学生的动手能力，拓宽学生的思维，帮助学生灵活运用基础知识。事实上，这四个学习领域的教学目标都是一样的，都是为了提高学生的思想水平，因此，教师在开展四个学习领域的教学活动时要注意将其结合起来进行教学，结合的形式多种多样，教师不要仅拘泥于一种形式，要注意灵活运用，并且将两个学习阶段和四个学习领域进行整合，从而使两者之间相互配合，共同推进思政课一体化教学，进而达到最终的教学目标。

三、探索思政实践教学，建立并健全思政课实践教学考评监督体系

构建适合综合素质考核的立德树人评价标准。评价内容要恰当，符合学生的实际情况。评价指标要明晰，能应对评价内容的复杂性及学生发展的多样性。评价维度要易于操作。评价方法要多样，避免使用单一的方法，保证评价的客观、全面和有效。根植思想引领，提升思维高度，回归生活指向，提升情感温度。思政课程安排必须制定专题式教学目标，定期组织学生赴实践教学基地开展教学活动，提高思政课实践教育基地的实践育人水平，真正提高学生参与的积极性和学习的实效性。丰富教学模式，开展专题志愿服务、参观学习、社会考察、红色之旅等活动，把课堂所学理论知识与社会现实联系起来，回答学生普遍关注的社会热点话题并解决学生生活中遇到的困惑问题，帮助他们学会理性认识国情省情和社情民意。建立并逐渐完善思政课实践教学考评体系，监督落实思政课实践教学。将实践教学纳入思政课教师综合考评中，督促一线思政课教师重视且高效地组织学生开展思政课教学实践。完善学生思政课程考评，运用灵活的评价方法，对实践教学全程给予及时的反馈和考评，督促并监督学生实践教学活动。从学校、教师、学生三方面健全考评监督体系，促进思政课实践教学工作的推进。

第六章 思政课一体化教研建构

统筹推进大中小学思政课一体化建设，推动思政课内涵式发展，教研部门应发挥引领示范作用。面对思政课一体化的新形势，如何打通不同学段间的阶段性藩篱，笔者认为建构思政课一体化教研系统是破解当前所面临的新问题的有效路径。只有学段联动让教师有为，资源共享让教学有料，平台共建让教育有法，评价科学让评价归真，才能共同助力循序渐进、螺旋上升的一体化育人格局的构建与发展。一直以来，教研部门以教学理念播种者、领航者、指导者的身份，在教育教学中发挥着咨询研判、督查评估、培训示范、指导引领的作用。"世异则事异，事异则备变"，面对思政课一体化的新形势，如何建立思政课一体化系统教研机制，促进思政课不同学段教学的一体化衔接，建设适应一体化的思政课师资队伍，构建阶梯式发展支持体系，等等，成为摆在教研部门面前的紧迫任务。

◆ 第一节 学段联动让教师有为——"聚人气" ◆

习近平总书记指出，办好思想政治理论课关键在教师，关键在发挥教师的积极性、主动性、创造性。教研部门要引领思政课教师更新观念，打破学段和地区间壁垒，提升队伍的协同意识，凝聚育人合力。培训和教研活动，尤其是围绕同一主题的跨学段同课异构活动，能够很好地引导广大思政课教师树立系统思维，培养综合能力，加强相互交流，树立大局意识，让教师能够从学科的角度整体规划各学段的教学内容，使得教学目标、内容能够体现出螺旋式上升的特点。同时要打破壁垒，围绕思政课教师这一"中心磁场"加速资源聚集，发挥思政课教师的"磁场效应"，彻底改变思

政课不同学段"育人孤岛"的状况,从而充分调动所有思政课教师纵向衔接,让所有思政课教师在思政课一体化育人体系中有所作为,促进思政课一体化发展。

一、在互动交流中激发教育智慧

针对各学段教育教学过程中出现的新情况和新问题,教研部门不要孤立将其看作是某一学段的问题,应该把问题抛在公共平台,让所有学段教师都可以参与讨论,最后问题在大家的参与中迎刃而解。引导思政课教师看好本学段"自家门",经常同其他学段"串串门",既要关注所在学段教学,也要关注全学段教学。要针对不同学段,根据思政理论教育规律和学生成长规律,科学设置具体教学目标,抓好教学目标设计、课程设置等,做到在学科共性中把握学段个性,避免教学中"不识庐山真面目,只缘身在此山中"的孤立思维,形成"会当凌绝顶,一览众山小"的通透思维。

二、在合作共赢中培育教学素养

遵循大中小学思政课一体化的基本原则,建设大中小学思政课一体化教研平台,创设问题导向型的教研合作模式,引领小学教师"要往前看",大学教师"要回头看",中学教师"既要往前看,又要回头看",打造大中小学思政课教师教研共同体。教研共同体协作一体化模式,在问题的探讨和思维冲突中提升教师的能力和素养,有利于本学段教学素养的养成。这种方式强化合作共赢理念,打破了原来一对一的师徒关系,形成了"三人行必有我师"的格局,为促进青年教师的成长找到了一条行之有效的路径。

三、在融汇共生中打造文化共鸣

把握大中小学思政课一体化的总体要求,整体规划课程教材内容,建构教学方法体系,着力解决当前各个学段的突出问题,以保障大中小学思政课一体化的有效实施。比如围绕法律意识的培养这一主题,展开联合教研,小学阶段突出情感认同和道德启蒙培养,通过情境浸润,学生养成守法意识和行为习惯;初中阶段突出思想认同和思想担当培养,通过以案说法培养学生的法治思维和公共参与意识;高中阶段突出政治认同和素养提升,通过主题辩论,提升学生的主人翁意识和社会责任感;大学阶段突出使命担当和责任强化，采用自主研究、合作探究，培养学生以天下为己任的担当意识。这种阶梯式一体化培养模式有利于持之以恒地对学生施加影响，在潜移默化中对学生产生深远持久的作用。这也有利于各学段教师达成文化共鸣，形成教育合力。

第二节 资源共享让教学有料——"增底气"

建构"横向衔接、纵向联系"机制，形成思政课建设的资源统筹和力量集成效应，是推进大中小学思政课一体化建设的重要保障。推动动态共建共享机制，带动广大思政课教师主动参与开发教学资源的活动，激发思政课教师建设教学资源的积极性和主动性。重视教学资源和多媒体载体之间的联动，利用网络即时通信技术实时更新并分享教学资源，对疏通共享渠道、提高思政课教学资源的利用具有重要意义。在动态共享原则下进行思政课教学资源的开发与利用也有利于更好地激发学生的学习兴趣，增强思政课课堂教学的感染力。通过互动式课堂形式，开展教师间的教研活动，再加以聚合思政课优势教育资源，从而形成多层次、交互式的教育资源服务体系。

一、以学校教研活动为单位共建教学资源

各学校教研组应当立足本校思政课教师需求，量身定制资源，以学校教育教学活动为契机，通过思政课教师共建活动，优化资源配置，创建共享机制，进一步提升理论水平。随着思政课教学资源日益丰富，学校各学段教师采用可选菜单和按需定制相结合的方式，建立起统编教材资源库。资源库包含教学资源、考题库资源、读书资源、素材资源等。资源库向所有师生开放，实现资源共享。

二、以联合教研活动为平台共享教学资源

教研部门组织不同地区、学校之间开展联合式、合作式学科教研活动，美人之美，美美与共，实现资源互相借鉴，给教师们更多的学习、锻炼机会，更好的成长平台。通过教研网、QQ群等信息平台，将教研活动及教学

信息及时传递给每位思政课教师，营造全员参与、资源共享的教研氛围。把分散的资源整合成系统化育人资源网，通过大中小学一体化教研组，在教研共享、师资培训方面打通了资源壁垒，促进大中小学思政课教育变革。

三、以区域课题研究为载体共研教学资源

教研部门要组织教师以课题研究为载体共同致力于大中小学共性问题的研究，同时完善协同机制，形成共建共享的资源图谱。以课题研究为载体，建立内部贯通、学段联动、学科协同推进的工作机制。通过课题研究实现学段资源的协同创新，构建不同学段"协同作战"的思政课教育体系。在课题研究中进行思维的碰撞和互动，打造合作、共享的教研资源，共建共享文化。例如苏州高新区思政课一体化共同体成员黄娟和颛孙伟伟申报的《"大思政课"视域下课程思政创新实践研究》课题，获准立项为苏州市教育科学"十四五"规划2022年度重点立项课题，该课题探索对教育资源的全方位整合，尝试建构思政课共建共享新模式，紧随时代需要，将思政课一体化落在实处，使"大思政课"能够与学生成长和社会发展紧密结合。

第三节 平台共建让教育有法——"长灵气"

形成常态化的共同体教研机制，发挥教师的积极性、主动性、创造性，强调跨学段的实践性，不断解决思政课一体化教学中的关键问题，努力推动思政课改革创新。构建一体化教研平台的目的在于打破壁垒、汇聚资源，破解思政教育相对封闭、交流较少的难题。

一、协同集体备课以实现学习一体化

推进思政课网络协同集体备课常态化，教研室组织建立具有本地特色的协同集体备课网络平台，实现集体备课数据、资源的共享，促进不同学段教师在共同备课的过程中相互融通、整合资源，消除对不熟悉学段知识内容的教学焦虑，提高对教学内容的一体化把握能力，激发其讲好思政课的内生动力。同时制定网络协同集体备课常态化的管理规范与指导办法。

二、搭建交流平台以促进教研一体化

教研室要开展理论培训、学术研究、教学研讨等合作，积极搭建协作互通平台，真正发挥教师集群的一体化效应。协作平台要推动跨学段共建思政课，优秀教学成果要实现平台共享。协作平台要发挥人才高地优势，进一步深化马克思主义理论学科人才的教学实践，使其逐渐成为大中小学思政课教师教研活动一体化的践行者和推动者。

三、组织同课异构以推动育人一体化

立德树人是思政课程的内在要求和核心目标，大中小学思政课教师必须目标一致、协同发力，实现育人一体化。不同学段思政课教师要围绕共享活动主题，"以生为本"，科学开展围绕同一主题的跨学段同课异构实践教学，让学生能够在不同形式的实践中，在各自适宜的活动体验中养成践行社会主义核心价值观的自觉意识，从而达到各学段思政课实践育人一体化的教学目的。

◆ 第四节 评价科学让评价归真——"接地气" ◆

教学评价是对教学工作质量的分析和评定，是提升教师综合素质、推动学生全面发展的有力手段。大中小学思政课一体化建设最难的就在评价，要把好评价关，以评促建，发挥教学评价作用，推动建设优秀师资队伍。针对大中小学思政课一体化教学评价建设中存在的问题，探索创新路径迫在眉睫。思政课一体化背景下科学评价应当做到"三性"，即统一性、梯度性和适切性。

一、理念思想的统一性

思政课教育的价值在于促进人的社会化成长。大中小学思政课一体化就是将课程总体目标贯穿于各层次具体目标，形成从总目标到分目标层次衔接递进的有机整体。思政课是落实立德树人根本任务的关键课程，思政课一体化必须保持立德树人理念思想的统一性和立场的根基性，建构一个

以社会主义核心价值观为内核,以"政治认同、国家意识、文化自信、人格养成"四大板块为重点的目标体系,目的是探索形成循序渐进、螺旋上升的大中小学一体化德育内容教育序列。根据教学目标要求,合理开设课程,循序渐进提升学生的思想政治素质和道德法律素养,引导学生形成正确的世界观、人生观、价值观,培养学生成为社会主义的合格建设者和可靠接班人。由此可见,一体化视域下的思政课评价首要是以是否围绕社会主义核心价值观实现立德树人为根本评价准则的。

二、教材教法的梯度性

"万物莫不相异",同一事物在不同发展阶段的矛盾具有特殊性,这就要求我们在思政课教学中不能千人一面,要具体问题具体分析。教研部门要能从学生认知规律出发,合理设计各学段教学内容:小学阶段重在启蒙,初中阶段重在打牢思想基础,高中阶段重在提升政治素养,大学阶段重在增强使命担当。在小学阶段,学生在互学、互助、互动中学会分享,在分享中增强对课程的认同感,从而形成正确的世界观、人生观、价值观,养成高尚的品质和完善的人格。在中学阶段,学生在动手体验、感悟学习中体会传承中华优秀传统文化的意义,践行社会主义核心价值观。在大学阶段,深化理论教育,组织学生应用所学理论进行理论宣讲、社会调研、公共服务,由实践进一步深化课堂所学理论,引导青年大学生培育和践行社会主义核心价值观,体现纵贯"守好一段渠、种好责任田"的整体水平和成效。由此可见,一体化视域下的思政课评价还要看是否把握好本学段的教学内容和教学方法的梯度性。

三、评价手段的适切性

视野决定高度。教研部门要解放思想,树立全局思维,统筹协调,在更高的维度上思考和设计区域思政课一体化的格局。同时要充分发挥新一代信息技术尤其是大数据分析在解决大中小学思政课一体化教学评价问题上的强大优势,依托"互联网+"新契机,创建数据标准化评估系统,借助大数据平台,全程、全景式记录,以实现过程性评价和总结性评价,增强评价的针对性、客观性和科学性。要避免过去仅仅由教研部门为教学评价的局限,树立互联网思维,为教师的教、学生的学、师生的合作互动提供智能、精准、高效、优质的服务，大幅提高教学评价数据的时效性、可靠性、权威性。多一把尺子就多一批好学生，探索多元评价体系，对不同学段评价提供分层化、分级化、差异化、多元化的呈现内容，有利于一体化教学评价形式的多样化和评价内容的综合化、个别化。实时动态的统计监督，有利于发挥评价的及时性、多向性功能，实现评价的及时引导、协调、激励等作用。由此可见，一体化视域下的思政课评价还要看是否具有全局观格局下局部的适切性。

第七章 思政课一体化教师提升

办好思想政治理论课关键在教师，关键在发挥教师的积极性、主动性、创造性。要紧紧抓住提高教学能力这个牛鼻子，通过"三集三提"着力提升思政课教师"内功"。首先，坚持集中研讨提问题。通过多种形式把思政课教师集中起来，集体研讨确定问题，把教学难题找准，增强教学针对性。其次，坚持集中培训提素质。组织思政课教师定期开展集中培训，学习党的理论创新成果，交流先进经验。再次，坚持集中备课提质量。建立集体备课制度，对党的十八大以来的理论创新、实践创新、制度创新成果和教学重点难点问题等进行深入研究，充分利用信息技术手段扩大集体备课的覆盖面和实效性。如何充分领会思想政治理论课的价值，理直气壮地上好思想政治理论课，用习近平新时代中国特色社会主义思想铸魂育人，成为摆在中小学思政课教师面前的重要任务。

习近平总书记强调要坚持显性教育和隐性教育相统一，挖掘其他课程和教学方式中蕴含的思想政治教育资源，实现全员全程全方位育人。分"家"不分"心"，系统整合，发挥教育的合力。唯物辩证法认为联系是普遍的，要掌握系统优化的方法，要着眼于事物的整体性，用综合的思维方式认识事物，把各个部分、各个要素联系起来考察，统筹考虑，优化组合。要把统筹推进大中小学思政课一体化教学建设作为一项重要工程，推动思政课建设的内涵式发展。要完善课程体系，解决好各类课程和思政课相互配合的问题，鼓励教学名师到思政课堂上讲课。思想政治理论课作为一个系统课程，不是孤立的，我们要用系统观去研究和对待。生活中的事物、教材中的知识是纵横交错、相互联系的，因此教师在备课和课堂教学的过程中，要树立板块意识和单元意识，教师在不违背原先的价值取向基础上，结合实际与时政要求，拥有对专家所编教材重新加工、再次开发的权利。

做到审慎统整，优化整合，既要从微观上深入钻研教材，挖掘教学资源，又要从宏观整体上把握教学内容，构建知识体系。

第一节 教师课程执行力研究现状

对教师课程执行力的研究是当前新课程改革推进过程的重要关注点。国内学者主要围绕概念界定、构成要素、影响因素、提升路径几个方面开展研究，在理清概念定义和组成维度的基础上层层推进。

一、对教师课程执行力的相关概念进行界定

教师课程执行力包含三个方面：领悟水平、执行程度和应变能力。其中领悟水平就是对课程标准制定者思想的理解定位；执行程度就是以课程标准为目标，将它贯彻到实处的执行能力；应变能力就是根据课程执行过程中教学环境的转变而随机应变，做好及时调整的能力。基于新课程改革的大背景及新课程改革对教师的新要求，教师课程执行力可简要概括为教师落实课程标准的能力，即以是否有效落实国家教育部门制订的课程计划、课程目标为准绳，将课程执行力表述为课程执行者在教学活动中制订教学计划、合理分配课时，恰当地运用课程内容等相关方面的能力。

二、对教师课程执行力的构成要素及路径进行分析

从课程执行的主客体角度看，课程构成要素主要包含：课程执行的主体，即一线各学科教师群体；课程执行的客体，即国家层面制订的可操作性的课程实施方案。还包含一些其他要素，例如，课程执行的条件、环境。从教师的教学能力角度看，教师课程执行力的组成要素包括教师对课程内容的理解水平、对课程设计的熟练程度和课堂教学的实施能力。从课程执行的过程角度看，教师课程执行力由执行意识、内化能力、创新能力、重塑能力和教学能力五个要素组成。从逻辑角度分析，在教师课程执行过程中，影响课程执行的具体因素有课程环境、课程主体、课程流程、课程目标等。围绕教师是课程主体之一也是最终执行者这个角度，提高教师课程执行力的途径有：通过打造执行文化，营造和谐的执行氛围和执行环境；

通过专业引领与技能培训，加强和教育学界专家、学者的理论"对话"，因为他们对课程标准的制定有重要的影响；通过案例研究搭建理论与实践双向互动的桥梁；辅之以名师工作室的方式构筑长效辐射平台，培育示范效应。从教师这个课程执行主体出发，需要同样重视课程开发和教学设计的能力，对课程开发的疏忽，会让课程执行主体的教学设计达不到预期的教学目标。

由此可见，教师在课程执行过程中发挥着举足轻重的作用，教学行为的转变是提升课程执行力的重要条件，而如何转变就必然涉及学科核心素养体系的构筑。然而，对于思政课的研究而言，从课程执行的整个过程，再具体到课程设计及课程评价，能将核心素养结合思政学科进行深入分析的成果很少。从研究方法角度来看，文献研究法采用的较多，教师可充分利用图书馆、网络等渠道查阅相关资料，关注国内外中学深度教学与核心素养的研究动态，借鉴已有的理论成果来支撑和构建本文的研究基石和理论框架。这种研究方法能够全面、正确地了解并掌握课程执行力提升的关联性要素，并为进一步的研究做好材料和理论准备。还有一种研究路径，那就是调查研究法，俗话说实践出真知，该研究充分重视教学的实际情况，从学习动力、学习方法、心理品质和综合能力四个方面制定了较为全面的调查问卷，通过对有效问卷的数据整理和分析，以实际数据反映教学效果，进而研究教学转型的基本策略。

第二节　教师课程执行力提升路径

教师是思政课一体化有效实施的关键所在。每一门学科都有丰富的思政课资源，关键在于教师要做到育人与知识传授、育人与能力素养"无缝对接"。这就需要所有教师树立正确、科学的教育观，尊重学生的个性发展，更加关注学生的内心世界、个性特征，以及注重学生的心理品质、意志培养、兴趣情感等非智力因素的开发，不再把学习成绩作为唯一的评价标准。思政学科应充分发挥班主任、思政课主任、思政课教师、少先队辅导员、校外辅导员等在小学生思政课教育中的骨干作用，让项目服务学生、服务教师和服务思政学科。以构建思政课教师专业成长发展中心、名师工作室等方式，大力提高思政课教师的专业发展水平，形成保障机制，打造独特的团队育人品牌模式。

一、运用系统思维，从宏观层面上完成区域一体化教学顶层设计

（一）构建思政课一体化教学课程体系

课程的优化统整，既指将国家课程进行或学科内的、或跨学科的、或跨学段的知识与能力的创造性优化整合，形成具有主题性、专题性、活动性的校本化学科改造体系，又指校本课程的开发、优化、提炼及实施的课程创生过程。以国家新课程改革为契机，积极探索和构建独具魅力的全学段思政课一体化教学课程体系。

1. 构建思政课课堂新范式

课堂是立德树人的主渠道和主阵地。围绕"创新"和"范式"，推进教学内容鲜活、生动、有趣，使课堂教学呈现强烈的感召力，真正为学生喜闻乐见。课堂学科活动的内涵是确立学生的主体地位，为学生在自主活动中实现发展的机会。课堂学科活动实质上是一种主体性教学活动，是一种开放性教学活动。思政学科以回归课堂教学实践需要、分析和解决现实教育问题为出发点，以案例研究、行动研究为主要方式，通过动态观测、理性分析等手段，分析课堂学科活动和学生成长的关系，构建高效的课堂教学范式，促进课堂教学形态的改善，提高学生个体发展的成效。

2. 深化全学科育人新模式

学科教学中的思政课渗透有其自身的特点，需要明确思政课渗透的主体和载体，研究思政课渗透的实施策略，重视思政课渗透的评价。进一步发掘学科文化，加强学科间的拓展与融合，实现跨学科学习，形成人文情怀与科学思维的有机统一。

3. 创立思政课活动新品牌

要基于本区域、本思政学科的文化积淀，找好思政课活动的切入点、突破点和生长点，努力在实践中形成一批能辐射区域、有较大社会影响、具有校本特色的思政课活动品牌。

（二）开发思政课一体化教学特色资源

整体创设校园育人环境，加强思政学科物质文化建设，新建、改建、

扩建校园,从设计到施工,要重视全过程的校园课程建设,体现物态造型的教育价值、课程意识、学科文化、人文寓意和学生身心需求,让学生可感悟、可学用、可传承。

注重资源的创意开发,建立育人资源发布、共享、拓展、更新与再创造的有效机制,让各类育人资源以多种渠道和方式向师生鲜活呈现,促进学生按照个人发展需求平等、充分、便利地获得。加强资源的共建共享,加强与校外各种思政课资源和各类专题教育场所资源的共建共享,拓展互通。

开发网络思政课资源,研究"互联网+"思政课模式,开拓思政课教学的新路径。从教学实践的层面来说,学科课程优化统整的目的是让师生更多地参与学科活动,体验知识的建构过程,发展学生人生成长应有的关键能力和必备品格,同时改变教师的教学过程观及学生发展观。运用开放性的网络资源尝试实施项目化学习、混合式学习等多种教学法,推动思政学科以社会活动为主题的微课程建设,深度研发基于学科竞赛的 PISA 评价应用,借助信息技术与教学的融合手段,创新编制学生的档案,优化智慧性课程资源的配置,从而形成思政学科课程创新的整体合力,实现思政学科课程立德树人的教育价值,彰显国家课程与校本课程的学科活动价值。

(三)培养思政课一体化教学育人团队

增强价值引领,牢记使命担当。坚持政治性和学理性相统一,自觉用习近平新时代中国特色社会主义思想武装头脑、指导实践、推动工作,做到真学、真懂、真信,深学、细照、笃行,努力用真理的力量感召学生,以深厚的理论功底赢得学生。教师要牢记初心使命,知重奋进,主动承担起价值观引领的神圣职责。要不断增强教师的引领能力。一是设平台,通过项目资助和优秀选拔,单列思政课教师名额,助力中青年骨干教师成长。二是抓培养,完善思政课教师培训体系,按照入门准入、专业提高和专业化发展的需求,设置新入职教师岗前培训、全员轮训、骨干教师高级研修等培训序列。三是强实践,打造"行走的课堂",推动教师参与社会实践,为思政课教师了解国情、社情、民情建立起有效载体和良性机制。强化专业发展,提升集群效应。当前,思政课教师队伍持续壮大、结构不断优化、整体素质进一步提升,但教师队伍在职称、学历、学科背景等专业化建设方面还有待进一步优化。需要充分挖掘现有教师队伍潜能,建立专业发展同城平台，整合资源力量，发挥集群效应。

（四）创建思政课一体化教学共育平台

思政课工作是思政学科、家庭乃至社会的一个系统工程。需要思政学科、家庭、社会三方联动，注重思政学科、家庭和社会在目标、内容方面的衔接，形成育德合力，共同探索思政课教育的新机制、新路径。

要保持校内外思政课的一致性和协调性，形成三方紧密结合、齐抓共管的良性互动，不断优化、持续延伸思政学科课程的过程和成效，在社会范围内营造良好的思政课氛围，建立健全"大思政课"体系。

要强化家庭教育，突出家长在家庭教育中的主体责任，以家长自觉学习引领孩子主动读书，以家长行为端正引领孩子举止文明，以家庭气氛和谐引领孩子在校与同学和睦相处，以家长遵守规则引领孩子在校理性处理偶发的矛盾。

要活化社区教育，充分利用好社区教育和网络教育资源，延伸思政课时空，加强社会实践和社会服务。强化在线教育，突破时空限制，让立德树人处处、时时、事事都能发挥积极的导向作用，为学生的健康成长提供正能量。

（五）创建多种形态的深度学习方式

深度学习是在学习的投入程度、思维层次和认知体验等方面达到较高层次，强调对知识本质的理解和对学习内容的批判性利用，追求有效的学习迁移和真实问题的解决，属于以高阶思维为主要认知活动的高投入性学习。

1. 促进课程意义建构

基于全球化深入的时代背景及基本国情，立足苏州教育特色，思政学科课程优化统整应具有前瞻性，应当呈现"宝塔型"或"金字塔型"结构，以育人为主的基础性课程搭建根基，各类型、各层次、各形式的课程协调发展，各展其强，互为补充。

2. 探索苏式教育风格

师生有积极的学习态度和浓厚的学习兴趣，有良好的学习习惯，能自主学习，注重合作，具有终身学习的意识。师生对自己的学习状态有清楚的了解，能够根据不同情境和自身实际，选择合理有效的学习策略和方法。师生具有好奇心和想象力，敢于质疑，善于提出新观点、新方法、新设想，并进行理性分析，做出独立判断。师生善于发现和提出问题，有解决问题的兴趣和热情，能依据特定情境和具体条件，选择制订合理解决方案，具有创客意识，能将创新理念生活化、实践化。

3. 塑造地域文明的中心

课程优化统整，把学生在校内的学习同校外的生活紧密结合，把教学与研究、师生与市民、思政学科与社区、自然与社会等要素纳入课程统整的范畴，构建"生态校园"，从而创建多维、多元的校园生态环境，形成思政学科自身的优良传统和办学特色，塑造昭示感染社会的力量，使校园成为地域文明的中心。

二、运用整合思维，从中观层面上完成思政课教学研究

（一）重点解决评价、路径和发展问题

思政课教学还要和各类课程有机配合，注重挖掘大中小学各学科所蕴含的思政教育资源，发挥课程育人功能，形成协同效应。各级教育部门和各级各类学校要按照习近平总书记对广大思政课教师提出的"六个要"，加强大中小学思政课教师队伍一体化建设。一方面要加大对思政课教师的师德与业务培训力度，促进思政课教师"术""学""道"三者有机融合，着力建设一支可靠、可信、可敬，敢为、乐为、有为的思政课教师队伍，努力培养造就一大批思政课骨干教师和名教师；另一方面要配齐、建强思政课专职教师队伍，建设专职为主、专兼结合、数量充足、素质优良的思政课教师队伍。注重探索与建立科学合理的思政课考核评价体系。

思政课教学将构建适应综合素质考核的立德树人评价标准。评价内容要恰当，符合学生实际情况。评价指标要明晰，能应对评价内容的复杂性及学生发展的多样性。评价方法要多样，避免使用单一的方法，保证评价的客观、全面和有效。改革单一的考核评价体系，在专家选聘、职称评审、岗位占比、课题申报、科研成果、实际成效、典型示范、激励举措等方面建立起合理有效的考核评价体系。要加大评价激励力度，在优化内部管理机制上做文章，通过改革评价机制，加大对思政课教师的激励力度，评先进、树典型，鼓励教师重品位、创特色，激发他们从事思政课教学的积极性、主动性和创造性，为思政课教师成长注入动力、活力。要创新思政课教师评价机制，明确与思政课教师教学科研特点相匹配的评价标准，在严

把政治关、师德关、业务关的基础上，进一步提高评价中教学实效和教学研究占比，开展思政课特色项目、特色课堂、特色备课组、特色教研组、特色学校、一校一品等系列特色评估活动，为拓展思政课教师发展空间提供多种渠道和有效保障。

（二）创新课程校本实施路径

思政课教学研究将基于国家课程，结合苏州地区的教育特点，利用思政学科的课程资源，优化统整思政学科的课程资源，探索构建国家课程校本的改造路径。具体落实到思政课上，决不能简单化、形式化地处理，要从教师、课时、物资保障等方面奠定基础，防止随意选用教师、随意挤占课程的现象出现，使认识与实践相统一。同时要加强学科德育的渗透，从行政教研角度给予明确规定、具体要求。要充分尊重和发挥好现有专业思政课教师的作用，采取更加积极有力的举措，解决好思政课教师的选用等一些现实的问题。发挥骨干辐射引领作用，定期开展名师精品课、线上课、专题研讨课等，普惠广泛的教师和学生。还要建立灵活有效的培训机制，快速提升队伍整体水平。高校以习近平总书记要求的"六个要"标准培养和输送未来的思政课教师。各地区还可以发挥党校的作用，为在职教师提供一定学时的党校教育，丰富培训机制，扩充影响力。学校还可以建立分级考核、分级奖励的思政课教师评价机制。

（三）推动思政学科精致化发展

思政课教学研究以"让课程焕发出生命活力"为主题，重建课堂的教学过程观和教学价值观，以此突破发展瓶颈，向精品化、特色化的课程建设迈进。要实现知识的整合与迁移。教师必须勤于思考，善于总结，及时反思，探究和解决跨界学习中的问题，做好跨界学习的知识整合与迁移。苏联教育家、心理学家赞可夫说："没有个人的思考，没有对自己经验的总结，没有对自己经验寻根究底的精神，提高教学水平就是件不可思议的事情。"中国教育家叶澜认为："一个教师写一辈子教案难以成为名师，但如果写三年反思则有可能成为名师。"推进大中小学思政课一体化，教师通过跨界学习，在不断地总结与反思过程中，拓展自身知识的广度、深度，实现知识的整合与迁移。这里的总结与反思不是一般意义上的回顾，而是教师思考、反省、探究整个跨界学习过程中存在的各个方面问题，并努力解决问题。跨界学习的总结和反思也不是一般个人意识和传统的"理论—实践"，个人意识带有一定的盲目性，传统的"理论—实践"带有理论的抽象性。跨界学习中的总结与反思是在活动中理解自我与他人互动之因果之后的事后反思和功能反思，是融通理论与实践进行自我学习、自我提升，并遵循"实践—反馈—再实践"的总结反思过程。具体方式如下：其一，写总结反思笔记。在跨界学习中，教师要做"有心人"，将平时学习、交流的感想、体会、顿悟、困惑以笔记的形式记录下来，并及时进行总结整理、反思评价。其二，分享与交流。将总结整理、反思评价中的疑惑或问题，及时分享在一体化教师互动交流平台上，在思想碰撞中解决问题。其三，注重个案研究。将跨界学习中发现的问题进行分类、归纳，将具有一定代表性、有价值的问题上升为课题研究，发挥大学思政课教师的科研优势，在具体的科研实践中提升科研能力，完成知识的整合与迁移。其四，强化信息技术的助推作用。未来课堂将会是多元课程资源的有效整合，尤其是在信息技术的助力下，打破学科界限，使不同学科、不同学段之间形成跨界联动的创新思维。在未来社会，跨界思维是最有效的，甚至是具有革命性和颠覆性的创新思维。当我们的思维处在不同领域交叉点时，就可以将众多领域的概念、知识点相联结，生成多项跳跃的发散思维，实现跨界创新。

三、运用具体问题具体分析思维，从微观层面上促进教师提升

1. 理论学习——厚实理论底蕴

为进一步转变教师的教育观念，让所有教师的教育理念提升到一个新的层面，要求一线学校重视和加强教师的理论和业务学习，采用集体学习与自学相结合等办法，让先进的教育思想牢牢扎根于每位教师心中，从而更有的放矢地指导教学实践，更快更好地提高教师的专业水平。教育科研源于教师个体的学习，学习的深度、广度与学校的引导有较大的关联度。完善而成体系的学习能帮助教师打开接受先进思想与理念的窗口，让教师及时更新知识结构，完善知识体系，丰富理论素养，提升业务素质。理念是先导，学习是保证。首先是高位引领，要加强对各学科课程标准的学习，新的课程标准是广大教师教学的依据。其次是苦练内功，提高教师的专业素质。学校要制订教师学习计划，通过教科室推荐书目、提供书籍，开展暑期读书征文等活动，多渠道、全方位地促进全体教师进行广泛阅读和有

效阅读；通过开展中青年教师读书笔记、读书征文比赛，将教师的阅读情况列入年度考核等举措，让教师的观念得到更新，知识得到长进，理论得到提升。

2. 搭建平台——发展科研意识

拓宽教师理论学习的渠道，为教师转变教育观、教学观、学生观、教师观提供理论支撑，坚持"走出去"与"请进来"并重的方法开展教师学习，根据学校科研主题，有针对性地邀请教育科研的专家来校做讲座。以校为本搭建科研平台，打造学习型团队，使其成为提升教科研质量、促进教师群体专业成长的重要载体。以学科为单位开展科研团队建设，在成员个体学习的基础上，依托团队开展合作学习、学术沙龙、活动研讨、经验交流等，专家引领，科研搭台，促进教师科研水平的提升。注重骨干引领，发挥骨干教师的二级培训作用，制订学校科研共享计划，让骨干教师在参加省市级培训后，回校及时开展二级培训。科研搭台可以营造良好的科研氛围，点燃教师团队的科研激情。

3. 聚焦课堂——提升实践智慧

以科教一体化教学聚焦课堂，要求学校积极创新教学和科研工作，不断拓展教育科研的内容和渠道，广泛开展各种有效的科教一体化教学研究工作。从传统的学校管理来看，常规听课一般都是教务处的工作，因为听课与评课的重点只关注教师的教育教学能力、课堂教学效果与学生的学习情况，而并不关注教师基于课堂教学反思而形成的理性感悟。学校教科室通过成立"我思我研我成长"科研小组，以教科室主任为组长，各教研组长为组员，引导开课教师提出教学过程中所遇到的问题与困惑，在教研组与备课组活动中集中思考与研讨，并以小课题研究方案的形式将研究落到实处。科教一体化教学研究能够解决教师在教学过程中所遇到的实际问题与困惑，让课堂更加高质量、轻负担。

4. 课题研究——实现梯度发展

科教一体化教学实践要求一线教师将课题研究与平时的教学实践有机结合起来，确立"教学即研究、课堂即实验室"的意识，把研究课题有机渗透到课堂教学之中，让教师不断地对自己的教学过程进行评估与分析，对自己的教学行为进行判断与审视，对自己的教学结果进行反思与总结，对学生的学习品质、学习行为、学习方式进行剖析与探索。坚持课题研究的分类实施策略,针对教师发展的不同层次,提出不同的科研要求,实现教师群体的梯度发展。例如对于新入门的三年期教师,教育科研的重点在于学习教学理论,并努力将理论与实践结合起来,促使其尽快站稳讲台;对于中间层教师,要着重引导他们学习现代教育理论,围绕学科确立科研课题,以教育科研提高中间层教师的教学和科研水平;对于骨干教师,重点引导他们以现代教育理论为指导,反思、总结其教育教学经验,形成自己的教育教学特色,并辐射、影响中青年教师。

5. 学科整合——提升核心素养

为了取得更好的成绩,学生一般会将大部分精力放在书本知识的学习上,但是这样只能够提升学生的政治成绩,难以提升学生的核心素养。由于受到课时的限制,学生在课堂上并没有多少学习的时间,假如学生在课堂上所学的知识与技能不能向更广的范围拓展和迁移,那么其核心素养很难得到发展。因此,教师应多组织学生参与社会实践活动,在实践中,培养学生思考问题、分析问题及解决问题的能力,从而在动态的研究中发展学生的核心素养。实践证明,在课堂教学中整合本学科及其他学科的知识能够使学生的核心素养得到提升。比如在教学传统文化继承的相关知识时,教师可从多个角度引导学生理解这一知识内容。如可以利用辩证思维对传统文化进行分析:传统文化里不仅有精华,还有糟粕,精华推动社会的发展,糟粕阻碍时代的进步。从哲学角度,可以这样分析:社会意识决定社会存在,同时也对社会存在起着一定的反作用,社会意识相对来说,有一定的独立性。虽然时代在发展,传统文化的内涵及形式会发生一定的变化,但是一些基本特点会保存千年,永不衰败。从经济学角度,可以这样分析:经济同文化之间是水乳交融、互相影响的,优秀传统文化存在非常大的经济价值,而这种经济价值可结合文化产业,共同推动经济的发展,同时也能够优化产业结构,促进传统产业实现升级及转型,提高国家的国际竞争力及文化软实力。从政治学角度,可以这样分析:政治同文化是密不可分、息息相关的,对优秀的文化进行传承,更利于党的建设,更利于国家综合实力的提升及公民综合素养的提高。这样的学科整合教学方式,不仅让整个政治课堂充满着浓厚的哲学和人文气息,还能够让学生学到更多的知识,在无形中提升其核心素养。

第八章 思政课一体化实践走向

第一节 "大思政"背景下的思政课系统建构

近年来,思政课在治国理政战略全局中的地位凸显,尤其是"大思政"理念,进一步实现了思政课的理念更新、视野开阔和格局拓展。2021年全国两会期间,习近平总书记强调,"大思政"我们要善用之,一定要跟现实结合起来。要激发全社会育人"大能量",要把思政小课堂同社会大课堂结合起来,强调校内校外联动,让"大思政"全员参与。思政课一体化的建设格局也应该放在"大思政"引领下,坚持问题导向,结合区域特色进行系统化建构,建设"区域大课堂"、搭建"区域大平台"、建好"区域大师资"。苏州高新区思政课一体化建设实践就走出了一条比较行之有效的实践之路。

关于"大思政课"的相关研究

党和国家高度重视思想政治教育工作,明确建设"大思政课"的立德树人根本任务。2016年以来,习近平总书记亲自主持召开学校思想政治理论课教师座谈会并发表重要讲话,中共中央、国务院印发《关于加强和改进新形势下高校思想政治工作的意见》,中共中央办公厅、国务院办公厅印发《关于深化新时代学校思想政治理论课改革创新的若干意见》,中共中央宣传部、教育部印发《新时代学校思想政治理论课改革创新实施方案》,教育部、中央组织部、中央宣传部、财政部、人力资源社会保障部印发《关于加强新时代中小学思想政治理论课教师队伍建设的意见》。

　　"同向同行"理念、"十大"育人体系与"三全育人"理念,为建设"大思政课"提供立德树人实践路径。习近平总书记在全国高校思想政治工作会议上强调,思想政治理论课要发挥主渠道作用,其他各门课都要"守好一段渠、种好责任田",使各类课程与思想政治理论课同向同行。教育部发布《高校思想政治工作质量提升工程实施纲要》,强调构建课程、科研、实践、文化、网络、心理、管理、服务、资助、组织"十大"育人体系。中共中央、国务院印发的《关于加强和改进新形势下高校思想政治工作的意见》指出,要充分挖掘和运用各学科蕴含的思想政治教育资源,坚持"全员全过程全方位育人"原则,把思想价值引领贯穿教育教学全过程和各环节。

　　《义务教育课程方案和课程标准(2022版)》出台,落实建设"大思政课"的立德树人具体要求。《义务教育课程方案和课程标准(2022版)》一方面明确了义务教育立德树人的根本任务,凝练了各学科要培养的学生核心素养,更主要的是提出"教什么""为什么教""怎么教""教得怎么样"的具体要求,落实立德树人根本任务,努力把"想得到的美丽"变成"看得见的风景",再具体化为"走得到的景点",避免"说起来头头是道,做起来事不关己"。

　　"大思政课"理念提出,试图破解思政教育中的难点、痛点问题。2021年3月,习近平总书记在看望参加全国政协十三届四次会议的医药卫生界、教育界委员时指出,"大思政课"我们要善用之,一定要跟现实结合起来。2022年7月,教育部、中央网信办、中央宣传部等十部门印发《全面推进"大思政课"建设的工作方案》,从办好"大课程"、搭建"大平台"、建好"大师资"、形成"大机制"的角度建设"大思政课"。2022年11月,教育部印发《关于进一步加强新时代中小学思政课建设的意见》。

　　综上,本课题研究符合党和国家高度重视思想政治教育的政策要求,努力践行"同向同行"理念、"十大"育人体系和"三全育人"理念,有效落实《义务教育课程方案和课程标准(2022版)》要求,试图破解初中学校思想政治教育中的难点和痛点问题,全面提升育人质量。

　　坚持以习近平新时代中国特色社会主义思想为指导,聚焦立德树人根本任务,推进"大思政课"建设引领下思政课一体化建设的区域实践,实现理念入脑入心。强化问题意识,突出实践导向,充分调动全社会力量和资源，设立一批思政课实践基地，推出一批优质思政课资源，做优一批思政课示范活动，推动思政课小课堂与社会大课堂相结合，构建"有前瞻理念、有实践创新、有效能比析、有辐射带动、有理论建树"的思政课一体化区域大格局。

立足学生生命存在的整体性和道德性，基于对新时期思政课所处的历史方位和时代价值的把握和思考，以区域思政课一体化为总目标，边研究、边实践、边改进、边推广，以课题为支撑，进行思政课一体化实验，解决思政课一体化协同育人的系统构建问题。

遵循普遍性与特殊性辩证统一的哲学理念，坚持公共价值与个体价值共融的基本价值导向，深入探索循序渐进、螺旋上升的思政课一体化建设路径，开创"协同共进、顶层设计、典型示范、突破变革"的思政课大格局，力求将立德树人的根本任务落实、落细、落小，不断培植、打磨、擦亮思政课品牌。在协同育人的总目标下，分段实施，主题推进，系统思维，突出重点。从思政课一体化的系统思维出发，把着重点放在思政课一体化的路径整合与协同上。

(一) 构建思政课一体化共育"大课堂"整合

从"就思政课论思政课"走向"党建+思政课"，形成"木樨花思政课堂"的育人新格局。苏州高新区以"木樨花思政课堂"为引领，推动学校、家庭、企业、社区一体行动，积极构建"一核五轴多维"工作体系，推动"书记思政第一课、思政名师宣讲团、思政星播客、26℃班队会、行走的思政课"五轴联动，涵养学生、服务社会、滋润大众。从"思政课程"走向"课程思政"，激活"基于思政课一体化的思辨课堂"的成长新样态。苏州高新区各中小学校思政课教师致力于思政课一体化视域下科学精神养成的思辨课堂范式建构和变式创新，通过思维和操作活动，实现在范例分析中展示观点、在探究活动中引申观点、在价值冲突中识别观点、在比较鉴别中确认观点，真正实现有效价值的引领，促进学生健康成长，形成了全息、全员、全科、全程的思政课一体化育人模式和改革实施方案，使思政课活动有章可循、有法可依，实验学校及区域应用效果显著。以国家新课程改革为契机，积极探索和构建独具魅力的全学段思政课一体化课程体系。

(二) 推进思政课一体化共育"大平台"创建

习近平总书记关于"大思政课"的重要指示，以及教育部等十部门印发的《全面推进"大思政课"建设的工作方案》,都强调要全面推进"大思政课"建设,坚持开门办思政课,充分调动全社会力量和资源,搭建"大平台"。"大平台"是"大思政课"建设的重要抓手,能够丰富全面推进"大思政课"建设的育人元素。教师要抓住这次机遇,探索"大思政课"建设的苏州实践,通过研究,将学校小课堂与社会大课堂有机结合起来,在实践中将政治学科素养落地生根,引导学生树立共产主义远大理想和中国特色社会主义共同理想,坚定中国特色社会主义道路自信、理论自信、制度自信、文化自信。用好实践教学基地,将思政课堂搬到实践第一线,用红色文化引领学生健康成长。探索"宣讲+互动""线上+线下""场内+场外"等"大思政课"课堂实践基地,让思政课堂"活"起来。

1. 建立"大思政课"体系,保持校内外思政课的一致性和协调性

认真贯彻执行"双减"政策和《中华人民共和国家庭教育促进法》《中小学心理健康教育指导纲要》等文件精神,联合区妇联、团委、关工委等相关部门,主动担负起新时期育人职责,积极探索思政课创新工作机制,广泛汇聚政府、学校、社区等资源力量,系统梳理全区"课程、师资、阵地"资源,组织开展"全方位、全天候、全覆盖"思政课工作体系,实现家庭、学校、社区及线上、线下思政课工作指导服务体系。同时高度重视中小学生品格提升工程项目建设,完善省、市、区、校四级建设体系,并将品格提升工程项目建设要求纳入中小学综合发展评估考核指标。

2. 强化家庭教育,突出家长在家庭教育中的主体责任

承办区域家庭教育高峰论坛活动,创新家长学校组织形式,定期开展线下线上的家长教育活动,组织家长进行优质课展评,促进家庭教育指导师队伍的专业化发展。开展思政课名师工作室评选,通过思政课名师引领年轻教师快速成长。每年邀请省内外教育专家为全区家庭教育指导师、心理健康教育老师进行专业提升培训,为全区思政课育人科研工作提供人才保障,进一步提升全区思政课研究与指导水平。

3. 活化社区教育,延伸思政课时空,加强社会实践和社会服务

强化在线教育,突破时空的限制,让立德树人处处、时时、事事都能发挥积极的导向作用,为学生健康成长提供正能量。倡导各学校不断创新思政课堂的"打开方式",使其更加"有滋有味""有声有色""入脑入心",充分挖掘区域内外资源,把思政课课堂搬到博物馆、纪念馆、教育基

地、社区等实地现场，搭建"行走的思政课"实践平台。搭建"新新课堂""明珠传媒""馨雅分贝""思政课云课堂"等平台，线上线下相结合，有效提升苏州高新区教育思政课品牌的影响力。因地制宜、因人而异创新内容形式，抓好组织实施，使得思政课绽放在各个社区，让党建优势不断转化为学校发展、教师成长、学生进步的优势。

（三）建好思政课一体化共育"大师资"队伍

每一门学科都有丰富的思政课资源，资源的利用关键在于教师做到育人与知识传授、育人与能力素养"无缝对接"。这就需要所有教师都树立正确、科学的教育观，尊重学生的个性发展，更加关注学生的内心世界、个性特征，注重学生的心理品质、意志培养、兴趣情感等非智力因素的开发，不再把学习成绩作为唯一的评价标准。通过构建思政课教师专业成长发展中心、名师工作室等方式，大力提高思政课教师的专业发展水平，打造独特的团队育人品牌模式。

1. 建立梯队合理、学科互补的教学团队

通过"引进来"与"走出去"相结合的方式，加强先进教育理念的学习与交流，着重提升思政课教师的政治站位和理论素养，将思想引领作为团队建设的重要工作。要切实关心思政课教师的发展，在人才引进、学科发展、科研立项、人员经费投入、教学资源使用和评优表彰、干部任用等方面给予政策倾斜。不断完善思政课教师的教学评价机制和培训考核评价体系，避免绝对的量化，采用多元化的评价方式，促进思政课教师的专业成长。

2. 思政课名师宣讲团，名师引领讲

苏州高新区推进全域思政课建设，不断完善区域育人网络，孵化更多名师工作室，以更多"一个人带动一群人"的良性循环来构建市、区、校三级名师工作室体系，营造思政课教师主动成长的氛围。区教育工委遴选思政课专业特级教师、骨干教师等，组建名师宣讲团，面向区内中小学师生，通过讲座、报告、专题党课等形式，坚持不懈地传播马克思主义理论，并让思政课名师宣讲团成员走进"木樨花思政课堂"。高新区教育发展中心还于暑期邀请省、市及兄弟县市（区）思政课教研员集中为全区思政课教师开展培训，全线提高思政课教师的理论水平和业务素养。

3. 书记思政第一课，领导带头讲

各校党组织书记、校长利用新生入学、新学期开学、共青团（少先队）

培训开班等契机，纷纷开设书记思政第一课，用"接地气""冒热气"的话语，向学生传递先进典型和英雄人物的感人故事，让法治教育、爱国教育、生命教育、责任教育等如同一场场春雨润物无声。一年以来，"中国强盛，我有责任""我们在真正成长""静待春暖花开时""人间最美是四月"等书记思政课受到广泛好评。

4. 思政"星播客"，专家示范讲

高校专家及医务工作者、科技创新人才、公检法专业人士、心理专家、公安干警、与中华人民共和国同龄的党员教师等做客思政课堂，成为思政"星播客"，以故事讲述、现场人物访谈、微宣讲等形式，向学生和教师讲述时代与人生的故事。"星播客"们通过亲身经历，现身说法，传递真善美，培植家国情怀，引领生涯规划，把美好的情感与价值传递到学生的内心深处，指引学生在社会坐标中找准应有的方向和位置。

总之，"大思政"引领下的思政课一体化建设的区域实践要运用系统思维对学校思政课实践活动各方面、各层次进行整体规划、统筹安排、系统推进，从而实现思政课实践活动建设有序高效的整体优化。要充分调动全社会力量和资源，建设"大课堂"、搭建"大平台"、建好"大师资"，破解当前思政课建设中的重难点，让思政课活起来、实起来、强起来。

第二节 "新课改"背景下的思政课研究方向

核心素养观下思政课增值性评价的认识向度
——以思政课核心素养之政治认同为例

《义务教育课程方案和课程标准（2022年版）》中道德与法治学科要求坚持素养导向，从发展学生"政治认同、道德修养、法治观念、健全人格、责任意识"核心素养出发，着眼学生核心素养的培育，改进结果评价，强化过程评价，探索增值评价。纵观思政课一体化建构的思路可以看出，促进思政课核心素养落地离不开创新探索思政课教学评价。增值性评价是评价学生努力进步的发展性评价工具，对于突破目前思政课评价的瓶颈有

重大意义。要深入领悟增值性评价的内涵,揭示评价生成的机理,探寻以增值性评价落实思政课核心素养的路径。

一、思政课增值性评价的本来旨趣

评价是检验教学质量的重要手段,要充分发挥评价的诊断激励作用,以评育人,促进教育教学质量的提升。思政课新课程标准要求坚持素养导向,就是要关注学生面临真实复杂情境时对真实问题的解决能力,以及对政治认同等核心价值理念的内化和践行。评价要善于捕捉学生的独特创造力,保护学生智慧的火花,力求找到破解应试教育的羁绊,让思政课教育教学回归本真的价值追求——淡化教育痕迹,深化精神轨迹。同时要克服狭隘的成绩评价观,全方位架构评价体系,树立评价系统优化思维,形成多方共同激励机制,实现思政课教学评价一体化建构,真正以评促学,以评促教。

思政课增值性评价遵循师生可持续发展规律,突出生本理念,关注原有思政课认知基础水平及不同学段教学活动的变化,侧重学科政治认同等素养养成的过程性评价方式。这种评价方式以学生的学业成长和进步作为评判,属于发展性评估,让学生能够通过思政课一体化的螺旋式、循序渐进式探索学习,从中找到成就感,体会自我的价值实现和学科素养不断提升的乐趣。思政课增值性评价其学理依据就是用发展的观点看问题,关注学生思想品行的全面发展进步,注重对学生学习内驱力的激励,提升思政课的学科育人功能。唯物辩证法认为,用发展的观点看问题首先要打破静止看问题的固化思维,重视差异性学习认知起点对于学科素养的基础性影响作用,关注学生学科素养的过程性变化与提升,着眼于用思政课的学科素养解决现实问题的能力,促进学生未来的可持续发展。

二、思政课增值性评价的作用机理

思政课增值性评价重视被评价者起跑线特殊性,从正视差异的客观实际出发,进行起点定量,尤其是针对思政课政治认同的不同起点,采用评价思想层面动态进步,提升行为外显幅度的方法进行评价,克服了"一刀切"形而上学的片面思维。同时思政课增值性评价引导多元评价,尊重学生政治认同的自我评价,让内心的声音传达给外界,评价都是基于学生的

思想进步或增值的自我成长。其作用机理离不开以下三个要素的系统化建构与优化。

一是找准原点的基础性定量。当思政课学业水平评价面临"学科成绩考得好是学生本来基础就好""学科成绩考得差是学生本来基础就差"的好坏对比质疑时的困惑，如何解决差异性的评价问题成为思政课评价的棘手问题。思政课增值性评价是一种发展性评价，具有重视起点、关注过程的特点，其中一个重要的优势就是追踪的动态评价，它关注了起点基础对于评价结果的重要影响性问题，从评价环节上解决了教育教学的公平性问题，倡导了发展性评估理念，使每一分努力都有了价值感。这得益于评价原点的基础性定量准确，原点的基础性定量可以据此指定一个合理的、相对客观的预测性目标，让学生的每一点进步都有了见证。新课程标准对于核心素养的层级点划分得非常细致，层级感很强。以"优秀传统文化涵养家国情怀"的主题学习为例，第一学段小学一、二年级要求感知文化符号，有亲切感；第二学段小学三、四年级要求初步了解代表性文化成果，感受文化魅力；第三学段小学五、六年级要求了解成果及意义，具有文化自豪感；第四学段初中七至九年级要求体会理解弘扬的重要性，坚定文化自信；第五学段高中一至三年级要求深刻理解中国特色社会主义文化的内涵价值，在文化共性基础上理解和处理文化个性差异，培养文化自觉。找准原点的基础性定量，解决学生政治认同过程中不是同时、同步、同等程度的差异性评价的问题所在，从而有效破解目前学生发展中的复杂性问题。

二是突出落点的发展定性。思政课增值性评价的潜在诊断反馈功能为因材施教提供了参考坐标，评价起于定量的准确数据测评，重视起点的差异性问题，采用适切的教育教学方式开展行之有效的施教，同时跟踪量变的变化。唯物辩证法强调量变是质变的前提和必要准备，质变是量变的必然结果，基于大量丰富、可靠的过程性数据的支撑，评价落点的定性分析变得更准确，更有科学性。评价结果能通过前后对比更好地进行归因分析，而结果性评价又变成下一个评价的量化起点，循序渐进的教育教学评价，为学生带来可持续发展的推动力，使其塑造更好的自己。以社会主义核心价值观的落地培养为例，第一学段小学二年级结束，考核价值取向为知道社会主义核心价值观；第二学段小学四年级结束，考核价值取向为在日常生活和集体活动中践行社会主义核心价值观；第三学段小学六年级结束，考核价值取向为积极践行社会主义核心价值观；第四学段初中九年级结束，考核价值取向为自觉践行社会主义核心价值观，突出知情意行统一的考核定性；第五学段高中三年级结束，考核价值取向为理性践行社会主义核心价值观，突出更高维度的思辨理性考核定性。突出落点的发展性定性，就解决了学生政治认同作为一种意识形态的主观性考查无法确定标准从而无法进行科学评价的难题，有效破解目前学生发展的知行不统一问题。

三是做好过程的提升性定准。思政课增值性评价是过程性评价，借助一定的评价载体，实现时时数据跟踪。其评价定准可以是一堂课的前后过程提升的定准，也可以是一个学期、学段的过程性提升的定准。增值性评价是一种激励性的评价，可以聚焦过程，激活学生的内驱力，调动学生的积极性、创造性；可以更好地促进每个学生个体的个性化发展，促使其不断超越自我，真正体现"天生我材必有用"的过程提升。过程的提升性定准力求科学适切，坚持评价标准的共性和个性相结合，坚持具体问题具体分析的评价方式，有助于在心理上激发学生的潜能，使其获得成功。从核心素养政治认同的过程性落地来看，教师要综合运用观察、作业、访谈等方法全面获取和掌握不同情境下学生的日常品行表现，重视学生在道德修养、规则意识、行为习惯等方面的进步。纸笔测试也要注重对政治认同的融合考察。过程的提升性定准要有即时性、针对性、感化性的反馈，教师可采用分项等级制评语落地。

三、思政课增值性评价的实现路径

思政课增值性评价以核心素养为依据，从评价理念、评价策略、评价结果三方面进行研究。它能让教师更加关注教学过程，注重全体学生的发展，更加全面地去评价学生，是提高教学质量、发展学生的核心素养的重要手段。具体实现路径如下。

1. 评价理念上，变"看见而相信"成"相信而看见"

思政课增值性评价要转变理念，凸显教学的人性价值，从评价全程来保障素养落地，注重过程性、真实性的素养发展考核，凸显核心素养评价育人的理念，鼓励学生的个性化发展，树立发展性评价能促进学生的全面而有个性的发展。互联网的发展打破了教师对知识的控制，消解了教师的知识权威。只有打造共生共荣的生态型合作共同体组织，倡导师生平等观理念下的互助性学习，人人成为互助性学习的参与者、贡献者，人人又都是互助性学习的受益者、成长者，互助性学习才能发挥教学相长机制的优势。所以要坚持多主体共同的评价激励机制，单个评价主体要共同交流，变单向评价为双向评价，借助评价机制滋养学习者的认知，树立评价是"双向奔赴"的共赢价值理念。思政课增值性评价作为学生学业评价的新理念与新方式，离不开评价工具的运用，要树立借助智能技术赋能评价的理念。以核心素养政治认同为例，增值性评价的激励作用能促进学生形成正确的世界观、人生观、价值观，完成人的社会化过程，增进对国家民族的高度认同，把个人价值的实现与国家的需要有机融合，用理想之光照亮奋斗之路。这就需要思政课增值性评价坚持人人都可以成才的原则，引导学生坚持独立思考的理性灵魂，在平等、民主的理念下成为未来的合格公民。

2. 评价策略上，变"固化的结论"成"过程的激励"

思政课增值性评价要相信人的未来可持续的成长性，克服静态的固化思维，建立"事隔三日当刮目相看"的发展评价策略，借助学生的成长记录袋、日常行为表现记录卡等方式变短视的定性为过程化的评价。好的教学需要高质量的知识活化内化，一切为了学生的未来可持续发展是发展性评价的归宿点。实现全程、全方位教育教学数据采集和深度挖掘，提升教师的评价素养，为精准测评、精准分析、精准反馈、精准指导提供技术支撑。解放思想，在评价体系上要从学生、教学和课程多个维度形成系统性，提升教学的实践价值；在评价标准上应凸显学生的发展性，在教学的真实情境中生成探究性。在探索增值评价的基础上建构多元综合评价体系，实现教学的对话价值，构建无边界教学环境。克服过去评价中急功近利的功利化倾向，例如，有些教学环境窄化为教室环境，造就了教学的表演性、游离性、虚假性。借助主题情境增强学生的体验和内化，可推动学生的知识建构和思维发展，关注学生想要提升学习成绩的价值诉求。以核心素养政治认同为例，小学评价就要结合小学生特点，注重情境创设，注重情感激发，利用"说一说""演一演""讲一讲"等活动环节的开展，联系学生的生活实际，以活动育人，启发学生，增强学生的责任和担当意识，激发学生亲近社会的情感；初中评价要把握时代脉搏，结合身边实际，贯彻国家思政要求和课程标准，凸显教学主题，让学生在"我思我悟"中展望未来，勇担时代责任；高中评价要采用议题式教学设计，运用情境化的结构模式，捕捉社会热点，通过议学任务及小组探究讨论引发学生思考，激发学生的家国情怀。这种思政课增值性评价变"固化的结论"成"过程的激励"，逐渐促进政治认同的形成，而不是口号化的强制认同。

3. 评价结果上，变"短视的定性"成"持续的成长"

思政课增值性评价的目的不是为了定性，而是为了更好地发展学生的核心素养。通过连续性定期或不定期地使用增值评价法，建立师生成长档案袋，持续记录教学的增值效果，衡量教学的发展。评价强化自身的自主发展意识，使其完善自身的学科素养及学习品质。评价结果不是简单的好与坏、优与劣，而是借助评价深入剖析措施、途径，促使教师时刻认清自己的教学，提高教学水平，实现不断持续精进的有效教学。思政课增值性评价的核心作用是对学生进行价值引导，增值评价关注评价对象在一定时间范围内的进步程度或努力程度，它充分调动学生的学习积极性，指向核心素养的增值评价，关注学生学习的过程，并将此作为增值评价的重要依据。这要求教学评价转变观念，促进学生发展，助力素养养成，进一步增强学生学习的自信心，使学生能够将自我调节、自我管理及自我评价三者有机结合，从而更好地促进个人发展。树立科学的教育评价观，基于义务教育新课标的要求，不断改进结果评价，充分发挥教育评价的诊断、导向和激励功能，促进教育教学质量的进一步提升和学生的全面发展。以核心素养政治认同为例，思政课增值性评价就是寻找实施路径，构建评价体系，从思政一体改革创新，打破壁垒，知行合一，打开教育格局，探寻教育途径，变"短视的定性"成"持续的成长"，引领学生坚定政治方向，永葆家国情怀。

总之，要坚持"思政课程"与"课程思政"同向同行、协同育人，实现各学科、各学段思政育人。久久为功，善作善成，不断丰富思政课增值性评价内涵，推动思政课入脑入心、见到实效，各美其美，美人之美，美美与共，努力打造不负新时代"为党育人，为国育才"的思政课增值性评价科学体系。

思政课"素养立意"命题的认识向度及应然选择

高中新课标指出，命题立意要从课程性质、时代要求和学生发展三个主要维度体现考查核心素养。"价值引领、素养导向、能力为重、知识为基"的新时代思想政治"素养立意"命题初见端倪。从思政课"素养立意"命题的现状检视入手，深化"素养立意"命题的价值意蕴理解，揭示"素养立意"命题的样态要素，探寻"素养立意"命题的应然进路。

思政课"素养立意"命题的要求不仅符合高考的客观实际，也是衔接课程理念的重要途径。高考作为重要的教学评价载体，发挥着以评促教、以评促学、以评育人的重要功能。高考命题应贯彻考试大纲要义，充分体现基于核心素养的命题导向，正确处理好核心素养与课程的关系，推进素养导向的课程改革，客观上发挥素养导向课程改革"一面旗"的作用。

一、"素养立意"命题的现状检视

近几年思政学科在"素养立意"命题探索中充分体现学科素养导向，引导学习和教学的深度探索。但目前"素养立意"命题还面临着两大困惑。

1. 观念之惑："高分低能"凸显命题评价观的走形

目前成绩的评价还是静态的结果性评价，一考定终生的考试评价选拔方式还是挥之不去的教育阴影，缺乏"素养立意"命题导向，高中思政课教学复习还是死记硬背、搞简单题海战术，认为学习仅仅是为了考试，忘记思政课是立德树人的关键课程，忘记教育的初心是培育生命自觉、实现人的社会化提升，"高分低能"现象屡见不鲜。这种命题观念的局限性，严重阻滞了学生未来的可持续发展能力，考试评价阻碍学生的发展。

2. 功利之殇："身心分离"造成命题评价观的异化

教育是一个复杂的系统工程，学生拥有健全的人格才能促进身心健康发展，"唯智是举"的单一命题选拔倾向反向恶化了学校培养学生核心素养的教育生态。应试命题的固化思维无助于增强学生的学习动机，学生厌学成为普遍现象，学习只是为了考试。"应试之后再无思政"反映出问题的严重性，命题更多是进行外在显性的评价，而对于道德认知、价值判断等方面的隐性评价无法呈现。忽视学习的这种隐性价值在于促进学生德智体全面发展素养提升的意蕴的命题导致学生"身心分离"言行不一的现象。

二、"素养立意"命题的价值意蕴

"素养立意"命题能够综合考查学生核心素养的发展脉络，符合学生的身心发展规律和教育教学评价的规律，关注学生的全面成长，特别是学生核心素养的发展，体现考试促进学生发展的功能，具有丰富的价值意蕴。

1. 积极回应课程改革目标诉求

高中新课标提出，课程着重评估学生解决情境化问题的过程和结果，反映学生所表现出来的思想政治学科核心素养发展水平。"素养立意"命题遵循教育教学规律，从学生的素养入手，着眼于学生未来的可持续发展潜能塑造，将现实的问题浓缩在真实情境的探索中，借助情境实现问题解决，以有效考查学生的素养发展水平，寻求教育教学的跟踪性补偿，借此不断提升学生未来解决真实问题的素养，体现考试对于学生身心健康发展的增进功能。

2. 理性回归素质教育价值归属

素质教育要求"以文化人、以文育人"，传承中华优秀传统文化，增强"感召力"，弘扬社会主义核心价值观，增强"向心力"，正确处理个人与社会的关系，提高思想政治素质。"素养立意"命题说到底就是坚持素养立意取向，发掘时代主题，精选题材，构建问题情境，以情境为载体，有效考查学生的政治认同等素养，促进学科素养的培育。考查学生分析、解决实际问题的能力，学以致用，知行合一。试题的问题逻辑设计巧妙，能够培养学生的判断、推理等理性思维，提升深度学习的素养。

3. 精准定位思政教育实践

高中思政课学科素养中，政治认同、法治意识、科学精神、公共参与的落地有助于考查学生视野的广度、深度，培养学生能够多角度、全方位、多层次应对问题的能力，使学生敢于正视问题，分析解决问题，引导学生发现自身的潜能。"素养立意"命题的情境素材选取源于真实的社会生活，通过设置开放性、探究性问题，提高学生的价值辨析能力，同时引导学生参与试题中情境问题解决的思维体系建构，引导学生学以致用，知行合一。

三、"素养立意"命题的样态要素

"素养立意"命题这一理念，给我们审视思政课命题打开了一扇新视窗。"素养立意"命题的样态要素并不是要创造一个新状态，而是回到教育教学本质规律上来审视学生成长该有的样子。

1. 基于复杂现实素材的情境创设支撑

情境作为支撑问题的场域，是实现核心素养的载体。情境可以取材于真实的事件，也可以为了承载需要进行虚拟，复杂情境更能增加问题的解决难度，从而更好地提升应试者的思维含量。思政课"素养立意"命题情境材料选自真实的、复杂的、正面引领的素材，情境的选择与设置既服务于命题考查的需要，又契合学生的认知实际。例如，2022年全国高考政治甲卷第39题的试题命制在选取情境素材时，着眼于贴近学生生活的某校中学生素材，采用征求意见的方式，让试题更有亲切感，加上生活化的叙事方式，简洁而不简单，素材蕴含的信息比较丰富，朴实中透着智慧。

2. **基于真实问题解决的设问路径引领**

学以致用是学习的目的和归属，思政学科的学习也不例外。学习的知识和能力要转化为解决问题的素养，需要借助一定的载体养成。高考评价体系中的"四层"考查内容和"四翼"考查要求，是通过情境再现学科理论产生的场景或是呈现现实中的问题情境，借助设问问题全面综合展现学科素养水平的。思政课"素养立意"命题基于真实问题解决的设问路径是为提升学科素养的一种达成服务，既承接学生的认知实际，又指向学习的目标达成，引导学生从情境出发，调用自己的经验积累，灵活、机智地解决现实问题，激发学生的创新型思维。例如，2022年江苏高考政治卷第18题设计的问题是"有人觉得中国式英雄形象不够高大，认为我们的电影也应该塑造超人式英雄。结合材料，写一篇短文对此观点进行反驳"。此问题的设计符合学生的思维层级，以辨析评价的方式设计思辨性话题，带有强烈的反差对比，有利于激发学生的探索热情。首先，问题建立在中西方文化思维观念的冲突之上，思维的矛盾摆在学生面前，引导学生面对矛盾不能回避，要想办法解决问题。其次，问题采用思辨性驳论方式，类似于正反双方正面交锋，形式符合学生的年龄认知特征。再次，问题力求在辨析中生成正确的价值判断和价值选择，带给学生体验感，从而生成结论，真正实现有效的价值引领，让学生能坚守中华文化立场。

3. **基于系统优化体系的思维建构运用**

唯物辩证法强调认识问题的系统优化思维，这是建立在事物是普遍联系的世界观基础上的科学的方法论。思政课核心素养之一的科学精神就强调全面系统客观地认识事物，系统优化思维的形成需要整体、有序且内部结构优化的知识体系为支撑。思政课"素养立意"命题意在通过复杂问题的设计，引导学生综合调用所学知识，根据新问题、新情境动态生成新的知识系统，而不是生搬硬套地套用固化的答题模板。例如，2021年江苏高考政治卷第16题命题设问要求"综合运用经济和政治知识，结合材料说明我国是如何实现农业农村快速发展的"，本题命题贯彻考试大纲要义，引导考生深度探索，重在"综合运用"的要求，跨模块整合运用知识系统解决现实问题，体现出思想政治"素养立意"命题更依赖综合视角，用整合的思维解决相关的内容，注重发展学生综合的能力。

四、"素养立意"命题的应然进路

思政课"素养立意"命题守正出新，在试题的基础性、综合性、创新性、开放性和应用性上进行积极探索，深化情境创设，强调问题解决；深化综合考查，强调融会贯通；深化体系考查，强调知识建构；深化应用考查，强调学以致用；深化创新考查，强调创新意识。

1. 转变思维理念，彰显命题的人性价值

高中新课标指出，命题立意要从课程性质、时代要求和学生发展三个主要维度体现考查核心素养立意，尤其强调命题要促进学生发展。坚持价值引领，强化育人导向，立足"一核四层四翼"的总体要求，落实立德树人的根本任务，突出政治性生活化；紧密结合国内外重大政治、经济、文化和社会生活热点，反映国家最新成就，体现国家最新意志；贯彻学生全面发展理念，融入内化体美劳教育。思政课"素养立意"命题要考虑命题价值观和社会主义核心价值观的一致性，命题与中国特色社会主义文化氛围的融合度，命题对社会公序良俗的正向推动，对于青少年正确的世界观、人生观、价值观的塑造功能，立德树人、铸魂育人，真正发挥思政课深化学生精神轨迹的作用。例如2022年全国高考政治甲卷第40题，强调信仰的力量，针对现实中部分学生信仰缺失的现象组织材料，使教育意义极强的情境本身发挥教育功能。问题设计又直接触及学生的灵魂拷问，意在引导学生深度思考，正确认识自我。"精神不是万能的，但没有精神是万万不能的"，可见理想信念教育和价值引领对于青年学生的成长发挥着精神支柱作用，让青年学生深刻感受中国共产党人的信仰崇高、理想伟大、使命光荣。

2. 精设命题情境，凸显素材的对话价值

"好的命题素材会说话。"好的命题情境不是单项信息的输出，而是命

题者和解题者双向的信息交流，是思维的碰撞和价值观的对话。思政课"素养立意"命题要精选时政热点，理清事情的来龙去脉，引导学生关注热点词汇，要适当对素材进行结构化改造，结合知识进行分析，理论联系实际，多角度命题，兼顾学生思维的常规角度与非常规角度。平时教师要引导学生结合时政材料自命题，引导学生模仿命题者思维，理解考向。要在关键的信息和知识衔接处、思维枢纽处给学生的思考留下线索信息，鼓励学生探究式解决问题，而不是机械地死记硬背，激活知识的价值，突出以核心知识为牵引、以单知识体系构建在解决问题中的思维含量。素材信息既包括对现象的解释，又包括对结论进行论证，要能够激发学生的阅读兴趣，通过分析考生能否对现象做出有说服力的、逻辑严密的解释，来评估判断考生能否对事物本质进行合理解释的素养发展水平。例如以2022年4月教育部印发《义务教育课程方案》，将劳动从原来的综合实践活动课程中独立出来，推进"五育并举"的重要举措为素材，素材层次感很强，富有逻辑性，强调劳动精神面貌、劳动价值取向和劳动技能水平，旨在提高学生实现中华民族伟大复兴的使命感和责任感。

3. 提升设问艺术，突出问题的实践价值

高中新课标指出，任务多样且具有思维水平层级。任务应具有多样性，以考查学生灵活调用知识系统分析问题、解决问题的能力。问题的表征尽可能是隐蔽、复杂、多维度、多层次，设问的指向将封闭与开放有机结合起来，注重创新试题设问方法，采用时事评论、政治小论文、演讲提纲和论证方案等丰富多彩的方式，不拘泥于形式，突出问题的实践价值。例如2021年江苏新高考适应性考试政治卷第15题设问"请选择一方观点，运用《文化生活》知识，说明你赞成或反对'新京剧'的理由"，这里突出了问题链条，一是对赞成和反对的选择；二是对材料信息提取的全面程度和与教材知识迁移的对接程度的考查；三是作为情境式思辨性试题，不仅要求学生写出观点，而且要结合具体情境进行分析。设问要瞄准学生的知识短板和思维误区，增长其见识。提升设问艺术，让情境活起来，让材料动起来，让观点亮起来，让思绪飞起来。

4. 注重思维品质，聚焦思维的赋能价值

政治学科思维方式注重思维含量和思维品质的考核和培养，特别突出思政课思辨性思维的提升，对学生的学科素养和科学精神的培养起到积极

的推动作用。运用学科价值观念分析解决问题，运用思想方法对观点进行辨析、评价、论证。例如2021年江苏高考政治卷第16题"综合运用经济和政治知识，结合材料说明我国是如何实现农业农村快速发展的"，2022年山东高考政治卷第17题"有观点认为，为推动我国经济高质量发展，钢铁行业应扩大粗钢产量并扩大出口。结合材料请运用当代国际政治与经济知识，对该观点进行评析"，这两道跨模块融合题都坚持以问题逻辑为引领。基于宏观知识结构考查的试题，运用事实逻辑构思是常态，侧重考查学生拓展知识层次的能力。围绕现实问题设置的开放性问题，实质是考查学生对社会热点和国家意志的关注。回答此类问题需要运用生活逻辑构思。

素养导向下思政学科的教学改进
——"天下兴亡　匹夫有责"课例

义务教育新课标的颁布让课程改革和教学改革步入核心素养时代。为了探寻新课标要求与当下教学的关联，让核心素养真正落地，笔者积极探索适应义务教育新课标的教学策略，通过素养化表述教学目标、结构化组织教学内容、情境化推进教学实践、全程化实施教学评价，着力构建初中道德与法治课的新育人体系。

素养是未来社会育人目标的凝练，素养是知识、技能、情感、态度和价值观的超越和统整。义务教育新课标的颁布让核心素养的教育变革从研究领域的"理想课程"转化为具有政策意义的"正式课程"，义务教育新课标站在"立德树人、为党育人、为国育才"的高度，明确各学段要培养的"具体、适切、可操作"的核心素养，旨在实现从"知识本位"到"素养本位"的转变，让核心素养真正落地。

思政课是落实立德树人根本任务的关键课程，初中道德与法治课是义务教育阶段的思政课，需适时而改、应势而动。在和义务教育新课标相匹配的新教材面世前，一线教师要守正创新，"穿旧鞋走新路"，理解新课标的要求与当下教学的关联，探索适应义务教育新课标的教学策略。本课内容与义务教育新课标中第四个学段（七至九年级）第三个主题"中华优秀传统文化教育"中"感悟天下兴亡、匹夫有责的担当意识，厚植爱国主义情怀"的内容比较契合，故选择此内容做有益尝试。

一、素养化表述教学目标，"目中有人"

核心素养是课程独特的育人价值。义务教育新课标用课程思维落实立德树人的根本任务，用三层关系"培养目标—课程标准—教学目标"将课程思维不断具体化：首先明确义务教育的培养目标是培养有理想、有本领、有担当的时代新人；其次以核心素养为主线制定义务教育新课标，串联起包括课程目标、课程内容、学业质量的目标，凝练出初中道德与法治课的五大核心素养，体现课程独特的育人价值和共通性育人要求；最后具体落实到课堂教学上，即教学目标的实现。把"想得到的美丽"变成"看得见的风景"，然后再具体化为"走得到的景点"，避免"说起来头头是道，做起来事不关己"。

如何把义务教育新课标落实到教学目标中去，笔者做了以下思考：一是提高政治站位，坚持素养导向，认识到初中道德与法治课是落实立德树人根本任务的关键课程，要坚持"八个相统一"原则，担负起立德树人、培根铸魂的神圣使命，不能眼中只有分数，不能将学生成长和素养培养等同于知识、技能的获取。本课教学要引导学生理解劳动的意义和价值，致敬各行各业劳动者，倡导实干创造未来，更要帮助学生树立"天下兴亡、匹夫有责的家国情怀""以天下为己任的责任意识""为中华民族伟大复兴而贡献青春的责任担当"，为培养时代新人打好青春底色。二是表述教学目标时，要贯彻义务教育新课标的素养导向要求，遵循"通过什么路径、学习什么内容、培育哪种素养"的研制思路，采用"行为主体、行为条件、行为动词、学习效果"的方式来表达。"行为主体"是学生，描述学生经过学习之后能够做什么；"行为条件"是学生行为发生变化需要的条件，包括收集的信息、创设的情境、开展的活动、产生的疑惑、辩论的话题等，表述时要联系所学内容，做到具体化与活动化，突出思维引导；"行为动词"要使用可以观察和测量的动词，如说明、识别、讲述、辨别、比较、论证等；"学习效果"主要描述学生通过学习达到的结果，对学习效果的预期要明确指出学生达到的具体水平。

义务教育新课标坚持素养导向，以"成长中的我"为原点，由"自我认识"到"我与自然""我与家庭""我与他人""我与社会""我与国家和人类文明"，不断扩展学生的认识和生活范围。本节课"天下兴亡　匹夫有责"主要帮助学生理解劳动的意义和价值、尊重各行各业劳动者,并践行实干精神,从基本态度引导到行为倾向确定是本课的逻辑主线。综合义务教育新课标素养导向要求和以上几方面思考,笔者尝试表述本课的教学目标如下:通过搜集资料和观看视频,多方面概括苏州的发展成就,多角度分析苏州发展取得成就的原因,学生能理解劳动的意义和价值,产生爱苏州、爱祖国的家国情怀和政治认同;通过了解苏州的万名"最美劳动者"礼赞活动,学生能认识到要致敬劳动者,并且通过辩论,深刻理解要尊重各行各业的劳动者;通过"苏州兴亡我的责任"演讲活动,学生能增强家国情怀和责任意识;通过参观怡养老年公寓的课外实践活动,学生增强担当精神,激发为中华民族伟大复兴而奋斗的使命感。

二、结构化组织教学内容,"手中有料"

课程内容是课程标准修订中最为实质的问题,义务教育新课标超越教材内容观和教学内容观,彰显课程内容观。课程内容观认为课程内容是与目标匹配、有结构、复合型的学习经验,既包括如"教什么、学什么"的内容问题,又包括如"怎么教、怎么学"的过程方式问题,还包括如"为什么教、为什么学"的目的价值问题,甚至还有"教得怎么样、学得怎么样"的结果水平问题,充分体现学生的学习立场,建构出学科活动与学科知识融为一体的课程内容体系。课程内容观没有弱化学科知识内容,而是以核心素养为引领,把学科核心知识融入学习活动,形成横向关联互动、纵向进阶衔接的课程内容结构体系。课程内容观打破死记硬背、题海战术等知识技能训练魔咒,克服高分低能、价值观缺失等乱象,让学生亲历实践、探究、体验、反思、合作、交流等深度学习过程,在结构化的学习经验中生长,培育学生的核心素养,更利于从知识本位转向核心素养本位。义务教育新课标以大观念、大任务统筹学习活动,使各部分彼此建立有机联系。大观念在学习内容安排层面落实减负、增效、提质,在教育价值层面发展学生核心素养。

秉持课程内容观,笔者尝试构建与课程内容相匹配的结构化教学内容。首先,借助大观念"劳动观"统领教学内容,"劳动观"少而精,纲举目张,具有生成性,有利于培育学生的核心素养。其次,形成包括内容问题、过程方式问题、目的价值问题和结果水平问题的学习经验结构化的教学内容体系。内容问题是"劳动的意义和价值""尊重各行各业劳动者""弘扬践行实干精神"。过程方式问题表现为借助"爱国三问"和"爱国追问"导入新课；新课学习创设内在关联、知行统一、螺旋上升的三个学习板块，分别是"礼赞新苏州""致敬劳动者""奋进新时代"；课外实践是参观怡养老年公寓。"礼赞新苏州"环节主要采用启发教学，引导学生概括苏州的发展成就，全面剖析取得成就的原因，推演出第一个内容问题"劳动的意义和价值"。"致敬劳动者"环节结合苏州礼赞万名"最美劳动者"活动，让学生有尊重劳动者的感性认识，接着展开辩论，是该致敬像"废品西施"冯月月一样的普通劳动者，还是该致敬像袁隆平一样的科学家，让学生在辩论和思维碰撞中认识到职业没有高低贵贱之分，无论体力劳动者还是脑力劳动者都很辛苦，都值得尊敬。"奋进新时代"环节让学生在演讲中深化爱国情感，增强责任意识，弘扬实干精神。课外实践体现知行合一，让学生将内化于心的学科知识、关键能力、必备品格外化于行，要实干创造未来，现在要、将来要、一辈子都要弘扬实干精神。目的价值问题整体体现在增强学生的政治认同和责任意识。导入部分的"爱国三问：你是中国人吗？你爱中国吗？你愿意中国好吗？""爱国追问：你愿意为中国的好而尽责吗？"旗帜鲜明进行价值引导；"礼赞新苏州"让学生增强家国情怀；"奋进新时代"提升学生的责任意识，让学生接过历史的接力棒，实干担当。结果水平问题既有对"劳动的意义""职业观"等核心知识的纸笔测试，也有对学生辩论和现场演讲的表现性评价。具体如图8-1所示。

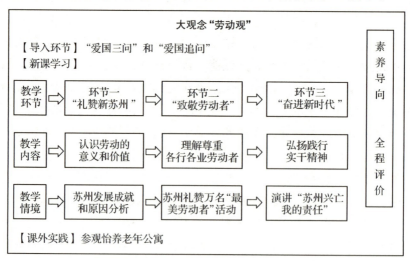

图8-1　结构化教学内容示意图

三、情境化推进学科实践，"脚下有路"

核心素养的形成本质上是一种实践的过程。义务教育新课标强调素养导向、学科育人、实践育人，探索与素养目标和结构化内容相匹配的、学科典型的学习方式，以学科实践为支点，以学科方法为杠杆，撬动传统育人体系，构建以实践为中心的新型育人方式。学科实践是指具有学科意蕴的典型实践，即在教学情境中，运用学科概念、思想与工具，整合心理过程与操控技能，在真实情境中解决问题的一套典型做法。学科实践既注重学科性，也注重实践性。究其本质，学科实践就是要求用学科独特的方式来学习学科，尊重并彰显学科的独特性，体现学科的精气神，这是学科实践的核心要义；就其特征，学科实践强调"像学科专家一样思考和实践"，是真理性与价值性的统一、普遍性与特殊性的统一、个体性与社会性的统一；论其方式，学科实践是探究学习的迭代升级，体现人们对学科教育理解的进一步深化，呼唤"源于实践、在实践中、为了实践"的真正的学科探究。本课教学中，笔者采取下列措施推进学科实践。

第一，创设真实情境。真实情境是以学生体验、学生生活、主动实践为特征的成长环境，不仅指真实的环境，更包括为实现教学目标所预备的一切内容与方法，以及最重要的情感基础等，具有可感性、意义性、开放性、黏着性的特点。

"礼赞新苏州"环节创设直观情境，让学生观看视频，结合搜集信息，形成关于苏州发展成就表现的感性认识，进而深入思考取得成就的原因，根据成就和原因分析隐藏在现象背后的内容"劳动的意义和价值"；"致敬劳动者"环节创设问题情境，指向学生的认知困惑"要不要尊重普通劳动者"，挖掘学生的思维潜能，释疑解惑，获得认知"要尊重各行各业劳动者"；"奋进新时代"环节创设活动情境，学生通过演讲身临其境获得主观感受和个人见解。

第二，创设驱动问题。初中道德与法治课的驱动性问题是在提炼教学内容、呈现教育内容时通过精心设计而提出的问题，主要包括理解性问题、探索性问题、批判性问题和发现性问题。初中道德与法治课的价值并不在于能给学生多么丰富的资源，而是在于能给学生多少思考后的积淀。创设驱动性问题要坚持目的性、启发性、适度性和多样性等原则。"礼赞新苏

州"环节创设问题"分析苏州的发展成就和其采取的措施之间有什么关系"就是要推导"经济发展、人民幸福与劳动实干的关系";"致敬劳动者"环节,学生有了"要尊重劳动者"的感性认识后,创设辩论问题:(正方)我们该致敬像袁隆平一样的伟人、(反方)我们该致敬像"废品西施"冯月月一样的普通劳动者,增强思辨含量。

第三,巧用学科方法。只有用学科的方法学习,才能发现学科的观念、思维和价值。事实上,一直存在用"不思政"的方法学"思政",用"不道德"的方法学"道德",填鸭灌输、快闪探究与程式探究占据课堂,思政课成为空洞说教的代名词,道德与法治课沦为知识的简单背诵、记忆和理解,难以发挥道德与法治课的学科育人价值。根据思政课特点和学生的身心发展规律,初中道德与法治课要坚持灌输性和启发性相统一的原则,应该在灌启结合中辩证理解教师主导性与学生主体性的统一。导入环节将启发引导和价值引领相结合,"礼赞新苏州"环节将学生的资料收集和老师的归纳概括相结合,面对"废品西施"冯月月,既理性平和接受学生的观点,又通过辩论引导学生"尊重各行各业劳动者","奋进新时代"环节主要采取启发式教学,引导学生思考当下的责任,联想未来的责任。

第四,丰富活动形式。落实义务教育新课标就是要把各种实践活动真正落在实处,如观察、辩论、演讲、参观等。"礼赞新苏州"环节将信息搜集、视频观看、数据分析相结合;"致敬劳动者"环节学生一方面观察找寻身边的"最美劳动者",一方面立志要为苏州发展承担责任,体现"在实践中找寻、到实践中践行"的学科探究,学生通过辩论"要不要尊重像冯月月一样的普通劳动者",碰撞出思维火花"要尊重各行各业的劳动者";"奋进新时代"环节学生通过演讲讲述自己的责任,有家庭、学校、社会的责任,有当下的、未来的责任,提醒学生当下的主要责任是学习,要学到实处,学出实效,避免"假学习";课后参观考察怡养老年公寓。整节课活动形式丰富,实践效果明显。

第五,连接内外课堂。学科实践需要把道德法治小课堂与社会实践大课堂相结合,实现以课内真理指引课外实践,以课外实践印证课内真理,不断发展学生的核心素养,学以致用,服务人民,造福社会。本课要培养的学生核心素养是政治认同和责任意识,在完成课堂实践基础上,布置一项课外实践任务,组织学生参观学校的德育活动基地怡养老年公寓,引导学生认识到老人的幸福生活是由政府、社会及所有工作人员带来的，认识"劳动的意义和价值"；引导学生观察体验所有工作人员尤其是护工工作的艰辛，引导学生"尊重包括护工在内的各行各业劳动者"；引导学生培养孝亲敬长的美德，弘扬爱岗敬业精神。

四、全程化实施教学评价，"心中有尺"

教学评价是按照一定的价值标准和教学目标，运用切实可行的评价方法和手段，对教学过程的各个要素进行价值分析和判断的过程，具有诊断、反馈、导向、调节等功能。教学评价能否做到科学、合理、公平，是决定课程改革成败的重要标志，教学评价必须明确"评价导向""谁来评""评什么""为什么评""怎样评"等要素。义务教育新课标蕴含新的评价理念，指出新形势下的教学评价要坚持"素养导向"，聚焦真实情境下的问题解决，以发展学生的核心素养为中心；评价主体由一元化向多元化转变，要形成包括学校、教师、学生、家长在内的多主体评价；评价内容包括评价学生核心素养的综合发展状况，着重评价学生在日常学习生活中、在真实情境任务中分析问题、解决问题所表现出的核心素养发展综合水平；评价效用坚持"教—学—评"一致性，坚持以评促学、以评促教；评价方法由单一的纸笔测试向多样化评价方法转化，综合结果评价和过程评价，体现全过程评价理念，强调对发展、提高和未来的关注。

教学评价是一个持续性过程，贯穿于学前准备、教学实施、反馈总结的全过程。为践行义务教育新课标教学评价新理念，本课教学中笔者尝试实施全程化的教学评价，构建"素养导向、主体多元、内容全面、效用一致、方式多样"的教学评价体系。素养导向是教学评价的出发点和落脚点，是教学评价的线索、灵魂和准则，所有评价要素都要围绕和指向学生的政治认同和责任意识这两大核心素养的培育。评价主体多元，包括教师评价，如评价学生的资料搜集、整理和归纳能力，评价学生的思辨能力和现场演讲能力；包括学生自评和学生互评，如自我评价在家表现，同伴互评在校表现等；包括社会评价，如怡养老年公寓对学生综合实践的评价。评价内容全面，包括学习之后学生展现出的政治认同和责任意识这两大核心素养的整体表现，包括学习过程中的素养倾向性表现和达成程度表现，包括课后实践中的素养落实表现。评价效用坚持"教—学—评"一致性，通过教

学评价改进"只看知识—轻视能力—无视素养"的传统教学,以教学评价为支点,撬动教学方式、学习方式和传统育人方式的变革。评价方法多样,包括常规的课后作业评价,更关注素养形成的过程性评价,如观察学生汇报苏州的发展成就,倾听学生演讲"苏州兴亡我的责任",预测学生对苏州、对祖国的家国情怀和政治认同程度;聆听怡养老年公寓人员对学生的实践活动评价,感知学生在真实情境中的责任意识。

中考时事热点素养型试题思路探析

时事热点在初中道德与法治学科中考复习和命题中对于考查学生思维过程、创新意识和分析问题、解决问题的学科素养有重要作用,成为各地命题时的应然选择。义务教育新课标增加了学业质量标准和考试命题建议,要以课程性质、时代要求和学生发展三个主要维度体现考查核心素养立意。关注学生全面发展,特别是学生思想政治素质、道德修养、法治素养和人格素养的发展,体现考试促进学生发展的功能。

信效度是中考试卷的生命,导向性是中考试卷的精气神,成效好是中考试卷的社会价值。素养立意下的中考,如何基于热点背景材料来进行命题,成为广大师生比较关注的问题。结合热点"雷锋精神永不过时",可以从如下几个方面进行命题思路和备考复习的探析。

一、基于政治认同导向,凸显试题育人价值

道德与法治作为立德树人的关键学科,学科中考试题应该关注坚定的政治方向、正确的价值取向和深厚的家国情怀,要引导学生逐步形成正确的价值观、人生观和世界观。

2023年3月5日是第60个学雷锋纪念日。习近平总书记对深入开展学雷锋活动作出重要指示,60年来,学雷锋活动在全国持续深入开展,雷锋的名字家喻户晓,雷锋的事迹深入人心,雷锋精神滋养着一代代中华儿女的心灵。实践证明,无论时代如何变迁,雷锋精神永不过时。

习近平总书记强调,学习雷锋精神,就要把崇高的理想信念和道德品质追求融入日常的工作生活,在自己岗位上做一颗永不生锈的螺丝钉。结

合材料和所学知识,谈谈我们学习雷锋什么样的精神品质。

参考答案: 学习雷锋"生为人民生,死为人民死"忠于党、忠于人民的坚定立场。学习雷锋"永做革命的螺丝钉"躬身实践、岗位建功的实干担当。学习雷锋"把别人的困难当作自己的困难"乐于助人、公而忘私的奉献精神。学习雷锋"不受百炼,难以成钢"艰苦奋斗、敢于斗争的坚韧气质。学习雷锋"生活好来别忘本"勤俭节约的朴素作风。

价值观的考查实际上是意识形态的考查。命题可以出现不同的言行让学生做价值分析比较,进而做出正确的价值判断和选择,有时还需要运用教材所学知识对价值选择做理由的阐述。价值观考查需要关注学生的家国情怀、奋斗精神、责任担当与理想信念,以及美育、体育、劳动等领域的道德品质。

二、连接真实情境,聚焦核心观念

教材中的主干知识、核心观念既是传统型命题的重点,也必将是素养型命题的趋势。试题往往通过热点时事情境化创设来考查学生对核心观念的理解。

雷锋是新中国成立70周年"最美奋斗者"。团山湖曾是一片水患频发和血吸虫肆虐的沼泽地。1957年,数万人的治沩大军掀开了团山湖新的一页。在县委交通班工作的雷锋一连几次递交申请书,坚决要求参加。开始,县委考虑到雷锋只有17岁,又是孤儿,不同意他去。但雷锋说:"旧社会,我被逼成了孤儿,讨过饭,晚上露宿别家门口,什么苦都吃过,比起来,工地上算是幸福生活了,何况我年纪轻,能够吃苦哩。"团县委号召全县的团员捐款购买拖拉机。雷锋把全部积蓄20元钱,一分不留全部捐出,是全县青少年中捐献最多的一个。后来,雷锋成为望城第一个拖拉机手。1958年6月,他在日记里写道:"如果你是一滴水,你是否滋润了一寸土地……如果你是一颗最小的螺丝钉,你是否永远坚守在你生活的岗位上?"

雷锋在平凡岗位上活出了生命的精彩,成为"最美奋斗者"。请你结合雷锋的故事,谈谈对"平凡中创造伟大"的理解。

参考答案: 伟大在于创造和贡献。一个人的伟大,在于他能够运用自身的品德、才智和劳动,创造出比自己有限的生命更长久的、不平凡的社会价值。当人们面对生活的艰难考验,为家庭的美好和社会的发展贡献自

己的力量时，就是在用认真、勤劳、善良、坚持、责任、勇敢书写自己的生命价值。当我们将个体生命和他人的、集体的、民族的、国家的甚至人类的命运联系在一起时，生命便会从平凡中闪耀出伟大。

理论联系实际是理解核心观念的重要方法。借助于时事热点的生活素材可以提升学生对核心观念的理解。建议教师多关注教材中对重要观念的理解。

三、关注体系综合运用，浸润系统思维整合

知识体系，指的就是把大量不同的知识点，系统、有序、指向性明确地组合成某种类型的知识结构。从认知学角度来说，图式的结构化知识更利于调用、输出和使用。通过知识结构，我们可以更好地理解某些问题、解决某些问题。

2023年3月，中宣部命名第八批全国学雷锋活动示范点和岗位学雷锋标兵各50个，主要来自企业、农村、机关、学校、社区、医院、部队等基层一线，覆盖了各行各业、各个领域、各条战线。他们立足本职、建功岗位，自觉践行雷锋精神，在平凡的工作中做出了不平凡的业绩和贡献，以实际行动书写新时代的雷锋故事，是社会主义核心价值观的生动践行者，在培育时代新风新貌、推动新时代公民道德建设方面发挥了良好的示范带动作用。

请结合所学知识多角度分析评选全国学雷锋活动示范点和岗位学雷锋标兵的意义。

参考答案：榜样不仅是一面镜子，而且是一面旗帜。善于寻找好的榜样，向榜样学习，汲取榜样的力量，我们的社会、我们的国家就会变得更加美好；有利于践行民族精神；有利于弘扬敬业奉献的社会主义核心价值观；有利于弘扬传统美德；有利于培养亲近社会的能力，服务社会、奉献社会；有利于培养关爱他人的品德；有利于坚定"四个自信"，坚持党的领导；有利于培养坚强意志，正确面对挫折；有利于弘扬实干精神，等等。

主干知识、大观念能够实现对教材内容的精炼、对学科内容的重组，引导学生透过茂盛的枝叶，从主干、根部吸收营养。在复习中，教师要关注教材知识的结构化，可以用思维导图的方式形成系统化的知识结构图。

同时，教师还要学会按照新的主题或材料中的关键字重组知识体系，以面对新的情境解决问题。

四、着眼真实问题，知情意行统一

学科实践是义务教育新课标的核心理念。命题的趋势实现了考"知识是什么"到考"知识用来解决什么"的转变。这一类的命题，在一定程度上，符合"双减"背景，符合素养立意的命题新要求。

习近平总书记对深入开展学雷锋活动作出重要指示，新征程上，要深刻把握雷锋精神的时代内涵，更好发挥党员干部模范带头作用，加强志愿服务保障和支持，不断发展壮大学雷锋志愿服务队伍，让学雷锋在人民群众特别是青少年中蔚然成风，让学雷锋活动融入日常、化作经常，让雷锋精神在新时代绽放更加璀璨的光芒，为全面建设社会主义现代化国家、全面推进中华民族伟大复兴凝聚强大力量。

我们应怎样做才能让学雷锋活动融入日常、化作经常，让学雷锋在人民群众中蔚然成风？请结合校园生活实际，设计三种活动形式。

参考答案：生动讲好雷锋故事，举办雷锋故事会；开展青年大学堂，把学雷锋精神纳入团课内容，作为"积分入团"的重要内容；广泛开展青少年志愿服务活动，如食堂就餐秩序维护志愿者工作、运河公园"捡拾垃圾、保护环境"学雷锋志愿服务活动。

假如你所在的学校开展学雷锋活动，请您从三种活动中任选其一，以学校青年报道团成员的角色，综合运用教材所学知识撰写一篇简要的新闻报道。（150字左右）

参考答案：2023年3月5日是第60个学雷锋纪念日。学校团委、新时代文明实践志愿者服务队组织部分志愿者，到运河公园开展了一次"捡拾垃圾、保护环境"学雷锋志愿服务活动。此次活动使公园变得更加干净整洁，让雷锋精神更加深入人心，同时增强了群众环保意识，激发大家自觉用行动来保护环境，树立文明新风尚，争做环保好公民。

注：新闻报道任务可进行分级评价。（表8-1）

表 8-1　分级评价表

水平等级	等级描述
4 级	能简单描述事情，运用所学知识简要分析活动意义；语言凝练，逻辑严密，条理清晰。
3 级	能简单描述事情，未能完整地分析活动意义，语言尚可，逻辑性较强，有条理。
2 级	不能简单描述事情，要素不明晰，未能完成分析活动意义，语言混乱，层次不清晰。
1 级	没有应答，未阐明意义；或应答与试题无关。

解决素养立意下的真实问题，学生需要具有一定的信息提取能力、分析能力及综合运用知识的能力，还需要一定的语言素养和逻辑思维。当然更重要的是教师要引导学生在学习中主动体验生活、参加活动，诸如撰写倡议书、小论文、设计活动方案等活动，在真实场景的问题解决中努力提升学科实践力。同时，在活动中教师要参照分级评价指标，体验评价促进学生学习的效用。

第九章 思政课一体化实践课例

　　实践性知识具有难以言传、不稳定和内隐的特点，它以教师个体自我的经验而存在。实践性知识能够有效帮助教师对其所遇到的问题做出适应自身的应对策略。跨界学习就是要在尊重自身实践性知识的基础上，跳出实践性知识的边界，去聆听教育教学理论和学科研究前沿的声音，感悟理论的魅力，体会理论的价值，并能从理论的高度诠释、深化和完善自我，实现实践与理论的对话与交融，从不自觉走向自觉的专业成长。理论性知识是相对于实践性知识而言，是关于学科内容、教材教法及教育原理、认知心理等的知识。大中小学因各自的学校功能、教育对象不同，其专业旨趣和教育目标存在较大差异。中小学教师面临升学、高考，更多重视实战经验的传授与训练，关注升学率，最大限度寻求解决问题的方法与策略，有丰富的学科实践经验，较少关注学科理论与学科方法的创新与探究；大学教师更多注重对理论的阐释与构建，缺乏对中小学基础教育一线的深刻了解和较为系统的调查研究。一方面，大中小学之间存在的这种现实问题，已影响到人才培养的全局性和连续性，影响到思政课教学目标的一致性和连续性；另一方面，大中小学思政课教师之间存在的资源互补优势，又为他们进行跨界学习提供了现实可能。中小学思政课教师可以通过自身的实践性知识优势有效转化和整合高校思政课教师的理论性知识，大学思政课教师可以用自己的理论性知识引领和指导基础教育一线思政课教育教学取长补短、相互融合，从而有效保证大中小学思政课在一体化建设中教学目标的一致性和连续性。

第一节 中小学师生共话"文化自信"

文化自信是一个国家发展进步的不竭源泉,是一个民族最动人的精神底色。为了让不同年龄段的学生了解中国的文化血脉、自觉传承优秀传统文化、坚定文化自信,来自小学、初中和高中的三位思政课教师围绕"文化自信"这一主题,同台上课,共同探索中小学思政课一体化建设的有效实施路径,选择找个最恰当"发力点",撬动学生的思维,触动学生的情感,立体化展示了苏州高新区中小学思政课一体化建设进展。

一、小学课例"中国文化 生生不息"

小学的王源老师以中央宣传部理论局组织撰写的政治通俗理论读物《新中国发展面对面》配套动画短片中的三个人物串联整节课堂。通过传统文化对对碰、汉字小讲堂、探秘中国精神和文化树叶立志向等活动,学生充分感受中华文化的源远流长、生生不息,激发民族自豪感,从小树立文化自信,立下长成祖国栋梁之材的远大志向。

"中国文化 生生不息"教学设计

【教学目标】

1. 利用多媒体,通过多种活动形式,学生能了解中国的优秀传统文化,探寻中国精神。

2. 通过学习,学生能感受到中国文化的源远流长、生生不息,树立文化自信。

3. 激发民族自豪感，使学生从小立下长成祖国栋梁之材的远大志向。

【教学准备】

文化大树、树叶卡片、信封、毛笔大字。

【教学设计】

课前交流

1. 播放《新中国发展面对面》第一集。介绍视频背景：2019 年是新中国成立 70 周年，为庆祝这一盛事，中央宣传部理论局特别编制了一部政治通俗理论读物，同时还配套出版了 12 集的动画短片。

2. 猜猜看，爷爷为什么叫建国？小华和小七的名字又有什么含义呢？

3. 今天，他们将继续陪伴我们开启新课的学习。

活动一： 点赞中国文化，开启寻根之旅

1. 同学们，你们瞧，建国爷爷、小华、小七又来陪伴我们学习啦！前几节课，我们跟着他们一起参观了新中国发展展览馆，乘坐了中国经济列车，知道了中国式民主。今天，他们又将带我们去到哪里呢？一起来看看吧。（播放视频）

2. 瞧，这就是文化大树，想去一探究竟吗？爷爷说了，你们得帮助小华和小七通过他的考验才行，问题都与我们学过的《道德与法治》第四单元《骄人祖先 灿烂文化》相关，敢接受挑战吗？（分小华和小七组）出示题目。

①汉字的演变排序；②人民币上的秘密文字（多民族文字）；③中国四大发明；④文房四宝；⑤四大名著；⑥既是节气又是传统节日（拓展：你能说出哪些与节气相关的诗句?）

3. 在你们的帮助下，小华和小七顺利完成了爷爷的第一关，那么第二关又是什么呢？（出示汉字小讲堂 PPT）原来建国爷爷了解到我们在第 9 课的学习中，知道了许多带有传统美德的文字，今天呀，他特别为大家开设了汉字小讲堂，想请你们给小华和小七讲一讲汉字背后的故事呢！你们愿意吗？谁是第一位小讲师？

4. 多么神奇的汉字，背后一个个深厚的意蕴足以让我们明智。同学们，刚才我们答了这么多道题，还开设了汉字小讲堂，你们发现了吗，这些问题都与什么有关？

5. 是的，这些都是我们中国的优秀传统文化。我们的大朋友习近平爷

爷曾经这样说，中国传统文化博大精深，学习和掌握其中的各种思想精华，对树立正确的世界观、人生观、价值观很有益处。学史可以看成败、鉴得失、知兴替；学诗可以情飞扬、志高昂、人灵秀；学伦理可以知廉耻、懂荣辱、辨是非。同学们，我们一定要听习爷爷的话，多去学习优秀的传统文化，从优秀的传统文化中汲取更多的养分。（板贴：知文化）

6. 中国的优秀传统文化非常厚重，她既是我们中华民族的根基，也是我们文化大树的哪个部分？（根）

7. 优秀的传统文化根基深厚，意蕴深远。她不仅孕育了一代又一代中华儿女，更在世界上产生了至关重要的影响。同学们，你们瞧，小华给大家带来了一组图片。（出示图片）见过这些诗句吗？（新冠疫情期间，日本向中国捐赠物资时写在箱子上面的话。）看着这一组组图片，吟诵着耳熟能详的诗句，你在想什么？

8. （出示数据）小七也给大家带来了一组数据，你们发现了什么？近年来，随着祖国的日益强大，世界各地掀起了学习汉语的热潮，著名的孔子学院自2004年开办以来，截至目前，全球已有162个国家（地区）设立了541所孔子学院和1 170个孔子课堂，招收学员达数千万人。

9. 看了小华和小七带来的图片和数据，老师真想为咱们中国优秀的传统文化点赞。同学们，你也想吗？谁来点赞？

活动二： 揭秘中国精神，探索枝干之魂

1. 了不起的优秀传统文化，离不开了不起的中国人。同学们，如果说文化大树的根是中国优秀的传统文化，那么树干和树枝又是什么呢？

2. 有点儿难，是吗？小华和小七给大家带来了一个小视频，看完你就知道了。（播放电影《夺冠》）你认为，中国女排靠什么夺冠？

3. 是的，靠的是坚持不懈、永不言弃、顽强战斗、勇敢拼搏的精神。课前，我们以小组为单位，进行了中国精神探秘活动。（板贴：探精神）同学们，你们小组探寻的是什么精神呢？（此处改为PPT展示）结合实事：抗美援朝精神、抗疫精神、"两弹一星"精神（三小组重点汇报，其余小组简单汇报：你还知道什么精神？）

预设：

（1）"两弹一星"精神：面对严峻考验，老一辈科学家用满腔热血，一心报国，成功研制"两弹一星"，笑对大国"核讹诈"。

（2）载人航天精神：面对航天难题，科技工作者勇于攀登，敢于超越，自主突破难关，让中国力量挺进太空。

（3）青藏铁路精神：面对雪域高原，铁路工作者不畏艰险，挑战极限，打通千里隔绝，把一条天路铺到世界屋脊。

（4）抗震救灾精神：面对强震突袭，全国军民万众一心，众志成城，救灾与抗灾间，用行动诠释了什么是"大爱大义"。

（5）女排精神：面对强手如林，中国女排并肩拼搏，越战越勇，让五星红旗在全世界一次次飘扬。

（6）抗美援朝精神：为了祖国和民族的尊严，无数中国人民志愿军奋不顾身，艰苦奋斗，奏响了可歌可泣的壮丽凯歌。

（7）抗疫精神：无数白衣战士舍生忘死，逆行而上，全国上下万众一心，众志成城，共克时艰，写下了一曲生命至上的动人诗篇。

4. 同学们，不管是抗美援朝精神、抗疫精神，还是"两弹一星"精神、女排精神，他们都有一个共同的名字，中国精神。中国精神就是以爱国主义为核心的民族精神，以改革创新为核心的时代精神，这种精神是凝心聚力的兴国之魂、强国之魄。

5. 现在你们知道文化大树的枝干是什么了吗？（了不起的中国精神）

活动三： 坚定文化自信，立志长成栋梁

1. 同学们，今天我们在建国爷爷、小华和小七的陪伴下，一起探索了文化大树的根和枝干，大家的表现太棒啦！为了奖励你们，建国爷爷给大家带来了一份小礼物，这是他亲手写的毛笔字。（板贴：中国文化，生生不息）

2. 指名读，同桌读，小组读，全班一起读。

3. 中国文化历经千年，孕育了一代又一代中华儿女，孩子们，你们有没有信心学好中国文化？就喜欢你们这样的自信。来采访一下，为什么你会如此自信？

4. 是的，中国的少年儿童从小就要树立对中华民族优秀文化的认同和崇敬，并用行动继承、传承和弘扬，这就是我们的自信。（板贴：树自信）

5. 同学们，自1949年中华人民共和国成立以来，我们的祖国日益强大，我们的文化大树也愈发根深蒂固、枝繁叶茂，因为我们不仅有着优秀的传统文化，了不起的中国精神，最重要的是我们还有着正在成长中的你们。孩子们，你们瞧，文化大树给你们每一个人都寄来了她的礼物，请组长打开信封,瞧瞧里面是什么?请小组长分发给你们的组员。

6. 这是文化大树的叶子,小华和小七也拿到了,你们看——(出示小华和小七的树叶)指名交流。同学们,作为新时代的少年,我们要从小树立远大志向,为传承中华民族文化尽心尽力。(板贴:立志向)你想对文化大树说些什么,又想为她做些什么呢?写下你最想说的话,待会儿让我们一起向文化大树表白吧!

7. 班级交流,将树叶贴上班级的文化大树,带回班级。

8. 同学们,《中华人民共和国教育法》规定,教育应当继承和弘扬中华民族优秀的历史文化传统,吸收人类文明发展的一切优秀成果。传承和弘扬优秀传统文化是我们每一位学生、每一位老师、每一个公民应尽的义务。习近平爷爷也再三指出,一个国家、一个民族的强盛,总是以文化兴盛为支撑的,中华民族伟大复兴需要以中华文化发展繁荣为条件。同学们,为了我们的文化大树更加繁荣昌盛,我们要牢记习爷爷的教导,从现在起弘扬传统文化,发扬中国精神,努力成长为祖国的栋梁之材,成长为中国特色社会主义现代化的建设者和接班人。

9. 课后记得将我们的班级文化大树带回教室,让她时刻提醒我们,陪伴我们成长。

二、初中课例"延续文化血脉"

初中的镇硕莉老师采用主题探究式教学方式,通过讲述筷子的历史和寓意、分餐与合食、筷子里的美德等,引导学生感受中华文化的魅力,对中华文化的传承和发展进行深入体验和思考,让学生坚定文化自信,不忘本来、吸收外来、面向未来,不断铸就中华文化新辉煌。

"延续文化血脉"教学设计

【教学目标】

知识目标：中华文化的内容、特点和意义；中华传统美德的内涵；如何弘扬中华文化和中华传统美德。

能力目标：能够描述中华文化和中华传统美德的特点及力量；列举中华文化的内容；训练观察、思考、分析、综合的能力。

情感、态度与价值观目标：感受中华文化的魅力，增强对中华文化的认同感和归属感；培养热爱中华文化和中华传统美德的情感；增强对中华文化的自尊心、自信心和自豪感。

【教学重难点】

1. 教学重点：如何发展中华文化，践行传统美德。

2. 教学难点：如何发展中华文化。

【教学过程】

（一）导入新课

背景音乐：中国古典音乐《姑苏行》。

明确本课两大内容，一是品味和发展中华文化，二是践行中华传统美德。

（二）新课讲授

1. 品味中华文化。

活动一：品中华文化之历史悠久，筷子的历史、讲究和寓意；猜谜活动，谜底是筷子。筷子作为礼物，说说它的寓意。看视频，了解筷子的历史有多长、讲究有多少。

活动二：品中华文化之博大精深。

考考你，中华文化知多少？苏州文化知多少？

回归课本：结合教材，思考问题。

2. 发展中华文化。

活动三：分餐和合食。

公筷公勺出现在餐桌，探讨：对中华传统文化（继承、取精华、去糟粕），对各国多元文化（尊重、包容、学习、借鉴），时代和实践的需要（创新性、创造性）。

回归课本：如何继承和发展中华文化？

3. 践行中华传统美德。

活动四：筷子里的美德（视频），中华传统美德有哪些？学习生活中怎样做美德少年？

回归课本：提升自己的美德素养。

（三）本课小结

（四）实践作业

请任选一项，与家人或伙伴一起，完成以下内容。

1. 小手工——如刺绣、中国结、印章、福袋、毛线编织等。

2. 创意画——一幅带有中华文化元素的简笔画。

3. 手抄报——设计关于中华优秀传统文化、传统美德的手抄报。

4. 倡议书——继承中华优秀传统文化，弘扬传统美德，增强文化自信的倡议书。

（五）简短演讲

树立文化自信，做自信的中国人。

【教学策略】

1. 想象体验式教学：通过在学生待课时播放中国古典笛子独奏《姑苏行》、影片《君到姑苏见》及《筷子的历史和讲究》，鼓励学生交流自己的想法和感受。通过体验式教学，学生能进一步加深对中华文化历史悠久、源远流长、博大精深的理解。

2. 主题探究式教学：通过筷子的历史和讲究，结合公筷公勺、现代筷子功能多样化，发掘筷子里的美德，引导学生对中华文化的传承和发展进行深入体验和思考，感受筷子里的思想智慧和道德魅力。

3. 注重因地、因时、因人制宜，体现生本特色。挖掘苏州本地丰富的文化资源，结合本地的文化特色和民风民俗，讲述中华文化的历史悠久、博大精深；结合分餐和合食、公筷公勺，倡导文明科学的饮食文化，讲述中华文化的传承和发展；通过学生讨论、师生谈话、情境体验、创新实践作业，使知识来源生活，回归生活。

三、高中课例"文化创新的途径"

高中的孟芹老师采用议题式教学方式，通过对议题"如何让敦煌文化活起来"的探究,引导学生感悟敦煌文化的艺术魅力,进而认同中华文化,理解文化创新的途径,培养学生运用马克思主义哲学中实事求是的观点、矛盾的观点、辩证否定的观点等观察分析文化现象,正确处理民族文化与外来文化的关系,激发学生学习本民族优秀传统文化与世界优秀文化的热情,投身于社会实践,积极进行文化创新。

"文化创新的途径"教学设计

【素养目标】

1. 政治认同:引导学生感悟敦煌文化的艺术魅力,进而认同中华文化。

2. 科学精神:理解文化创新的途径,培养学生运用马克思主义哲学中实事求是的观点、矛盾的观点、辩证否定的观点等观察分析文化现象,正确处理民族文化与外来文化的关系。

3. 公共参与:激发学生学习本民族优秀传统文化与世界优秀文化的热情,投身于社会实践,积极进行文化创新。

【教学重难点】

1. 教学重点:文化创新的根本途径和基本途径。

2. 教学难点:坚持正确方向,反对错误倾向。

【议题探究】

视频导入——背景音乐《千年之约》

设计意图:悠扬的歌曲配合古朴的画面,激发学生兴趣,营造文化氛围。

(一)感悟体验·赏敦煌之美

敦煌作为中国通向西域的重要门户,古代中国文明在此同来自古印度、古波斯等国家和地区的思想、宗教、艺术汇聚交流,造就了独特的敦煌文化。敦煌文化集建筑、彩塑、壁画艺术和佛教文化于一身,历史底蕴雄浑厚重,艺术形象美轮美奂。敦煌文化延续近两千年,是世界现存规模最大、内容最丰富、保存最完整的艺术宝库,是研究我国古代各民族政治、经济、文化、艺术的珍贵史料。

探究1:为什么会形成如此独特的敦煌文化?

设计意图:温故知新,阐明敦煌的独特性原因——地理环境,认同敦煌文化。

思考:为什么会在莫高窟的壁画中出现张骞出使西域的图像?

设计意图:促进学生联系史实,知晓壁画艺术就是对现实生活的反映,社会实践是文化创新的源泉和动力,培育科学精神。

(二)与时偕行·探敦煌之变

材料一 2020年旅游旺季时,敦煌平均每天游客接待量约10 000人次,而其最佳游客承载量在3 000人次以内。大量游客进入洞窟,二氧化碳长时间滞留,窟内空气湿度增大,温度上升,侵蚀壁画和彩塑;加之长期的风化和氧化作用,莫高窟壁画和彩塑正在缓慢退化。

材料二 科技拯救敦煌,"数字敦煌"的上线意义重大,既可以留存敦煌的文明,又能缓解洞窟保护的压力,使敦煌文化得以永续保存,永续利用。从洞窟走进大众,走向世界,实现敦煌文化艺术的全球共享。

探究2:谈谈科技创新对敦煌文化传承和发展的作用。

设计意图:激发学生对敦煌文化保护和研究的热情,知晓科技的力量对文创的重要作用,进而关注科技,课下尝试数字"黑科技",了解中华优秀传统文化。

材料一:隋唐藻井图案对比。

材料二:常沙娜利用敦煌藻井图案设计人民大会堂宴会厅天顶,成为经典。

探究3:常沙娜成功的设计实践对传统文化的发展有什么启示?

设计意图:增强学生对敦煌元素更深层次的理解,进而投身挖掘传统文化元素进行文化创新的实践中。

材料:飞天源自印度婆罗门教中的娱乐神和歌舞神,他们一个能歌、一个善舞,是形影不离的恩爱夫妻。敦煌飞天在最初印度飞天的形象基础上，经西域少数民族文化的熏陶，最终形成中国本土化的形象。敦煌飞天不生羽毛、翅膀，借助彩云却不依靠彩云，通过长长的飘带、舒展的身姿、欢快的灵魂，在鲜花和流云的衬托下翱翔太空，把洞窟装扮得满壁风动。

探究4：敦煌飞天形象的创作对文化创新有什么启示？

设计意图：敦煌文化就是在继承传统并吸收外来文化的基础上不断创新的典范。文化多样性是文化创新的基础，要尊重其他民族文化，热爱中华文化。

辩一辩

正方观点：对敦煌文化，传承比创新更重要。

反方观点：对敦煌文化，创新比传承更重要。

设计意图：理性思政课一体化，在思维碰撞中，树立科学精神。

（三）追梦逐行·扬敦煌之魂

大国工匠

"壁画医生"李云鹤，六十二载潜心修复，在修复过程中不断求新求变，修复的壁画达4 000余平方米，并开拓出"空间平移""整体揭取""挂壁画"等众多国内首创的壁画修复技法。

国内敦煌热

《登场了！敦煌》综艺节目；良品铺子邀请绘画达人，糅合中西各种技法，绘制出了全世界第一幅浮雕沙画"团圆中秋"，并推出敦煌IP系列月饼；王者荣耀游戏打造多款敦煌文化特色皮肤；《舞美敦煌》的课间操走红网络。

敦煌国际化

敦煌保护理念、管理方式的国际化：近年来，中国先后在18个国家举办了80多场主题突出的敦煌艺术展览；《莫高窟与吴哥窟的对话》通过中国莫高窟与柬埔寨吴哥窟两处文化遗产对话的形式，探寻两国文明在历史上的互鉴交流。

大国飞天梦

大国飞天梦，铸就中华魂。2020年11月24日凌晨4时30分，嫦娥五号月球探测器成功发射，中国人至此实现"上九天揽月"之梦。12月6日，嫦娥五号轨道器返回器组合体与上升器分离，准备择机返回地球。

活动：作为新时代青少年，如何担负起文化传承和创新的历史使命？

设计意图：敦煌文化走出去，需要社会各界的共同努力，青年是世界文化遗产创新的主力军,他们需要增强保护和传承文化遗产的意识,并转化为文化自觉,从而提高其公共参与的能力。

四、教学反思

习近平总书记在党史学习教育动员大会上强调,全党同志要做到学史明理、学史增信、学史崇德、学史力行,学党史、悟思想、办实事、开新局,以昂扬姿态奋力开启全面建设社会主义现代化国家新征程,以优异成绩迎接建党一百周年。文化自信是一个国家发展进步的不竭源泉,是一个民族最动人的精神底色。在思政课一体化的背景下,不同年龄段的学生如何通过学史循序渐进地了解中国文化血脉的历史、自觉传承优秀传统文化并坚定文化自信成为目前思政课必须面对和有效解决的问题。本课题围绕"文化自信"这一主题,共同探索中小学思政课一体化视域下学史增信的有效实施路径,选择找到最恰当的"发力点",撬动学生的思维,触动学生的情感,螺旋上升地增进学生的文化自信。思政课教师要遵循学生的成长规律,从特定学段学生的实际出发去设计教学环节。小学阶段侧重让学生去感受文化历史,接受文化的熏陶,使其在潜移默化中感知文化之美,提升文化认同的感知能力;初中阶段侧重基于文化史实引发感想,引导学生多角度思考文化问题,提升学生的文化知觉和表象能力;高中阶段重在让学生去感悟文化,以梯度式的问题设计引向深入,培养学生的思政课一体化能力,使其树立家国情怀。各学段各美其美,美美与共,共同为学史增信的落地搭建阶梯。

(一)开设汉字小讲堂,故事激趣启蒙文化感知

小学课例"中国文化 生生不息"一课,从理念层面来说是文化自信的一个重要来源,中华文化绵延五千年而生生不息,成为民族的灵魂和基因。教师引导以汉字为切入点,从汉字的起源去启蒙其中所蕴含的中华历史与文化,让学生感受文化的美好而心向往之。

从操作层面来说,汉字小讲堂采用多样化的教学策略。教师可以运用角色扮演、情境对话等方式,让学生在实践中运用所学知识。保证故事的质量,使之既有趣味性又能传达文化内涵。针对不同水平的学生进行分层教学,使他们在汉语小讲堂中都能找到适合自己的学习内容。确保教师具备扎实的汉语功底和丰富的教学经验,注重教学反馈,及时了解学生需求,

调整教学策略。此外，通过组织课外活动，如参观、座谈等，学生能在实际场景中体验汉语的魅力，进一步加深他们对文化的理解。

从策略层面反思，小学阶段重在启蒙文化自信情感，教师更要侧重让学生去感受。所以教师应该把抽象的概念和道理通过小学生喜闻乐见的故事、动漫、表演等形式讲述出来，让学生浸润在文化的氛围中用心感知文化，在潜移默化中熏陶他们的文化感知。

（二）讲述筷子历史沿革，情境体验催生文化认同

初中课例"延续文化血脉"一课，从理念层面来说，教师通过讲述筷子的历史和寓意、分餐与合食、筷子里的美德等，让学生感受中华文化的魅力，坚定文化自信就是要不忘本来、吸收外来、面向未来，不断铸就中华文化新辉煌。

从操作层面来说，通过了解筷子的历史、公筷公勺的应用、现代筷子功能多样化、筷子里的美德，学生对中华文化的传承和发展进行深入体验和思考，感受筷子里的思想智慧和道德魅力。注重因地、因时、因人制宜，体现生本特色。挖掘苏州本地丰富的文化资源，结合本地的文化特色和民风民俗，讲述中华文化的历史悠久、博大精深。结合分餐和合食、公筷公勺，倡导文明科学的饮食文化，讲述中华文化的传承和发展。通过学生讨论、师生谈话、情境体验等形式，创新实践作业，使知识来源生活，回归生活。

从策略层面反思，初中阶段重在开展体验性学习，适合主题情境探究式教学。初中阶段侧重于感想，教师开始引导学生多角度思考问题。主题情境探究式教学应当一条主线贯穿，把抽象的理论转化成实在的情境问题探究，师生在合作探究中边演边悟，最后实现文化认同的主题升华。

（三）感悟敦煌文化魅力，文化浸润增强文化自信

高中课例"文化创新的途径"一课，从理念层面来说，通过对议题"如何让敦煌文化活起来"的探究，引导学生感悟敦煌文化的艺术魅力，进而认同中华文化，理解文化创新的途径。培养学生运用马克思主义哲学实事求是的观点、矛盾的观点、辩证否定的观点等观察分析文化现象，正确处理民族文化与外来文化的关系，激发学生学习本民族优秀传统文化与世界优秀文化的热情，使其投身于社会实践，积极进行文化创新。

从操作层面来说，设计三个环节。第一个环节感悟体验，赏敦煌之美。

促进学生联系史实,知晓壁画艺术就是对现实生活的反映,社会实践是文化创新的源泉和动力,培育科学精神。第二个环节与时偕行,探敦煌之变。增强学生对敦煌元素更深层次的理解,使其投身挖掘传统文化元素进行文化创新的实践,让学生能够尊重其他民族文化,热爱中华文化。第三个环节,追梦逐行,扬敦煌之魂。

从策略层面反思,高中阶段重在提升政治素养,活动型议题式教学能够有效引导学生感悟文化魅力,认同中华文化,理解文化创新的途径,以梯度式的问题设计引向深入,使学生树立家国情怀,培养辩证思维。习近平总书记强调,中国传统文化博大精深,学习和掌握其中的各种思想精华,对树立正确的世界观、人生观、价值观很有益处。学史可以看成败、鉴得失、知兴替,教师要引导高中生学习优秀的传统文化,从优秀的传统文化中汲取更多的养分。

总之,启蒙文化感知,培养文化认同,增强文化自信,提升文化自觉,必须坚持思政课一体化思维,坚持矛盾普遍性和特殊性的辩证统一,遵循学生的成长规律,从特定学段学生的实际出发设计教学环节,遵循整体架构、有效交叉、必要重复、合理反复、有效衔接、螺旋上升等原则进行整体设计,真正让学生心中有信仰、脚下有力量,使其成为合格的社会主义建设者和接班人。

第二节 大中小学师生共话"爱国主义"

为统筹推进全区思政课一体化建设,全面增强思政课育人效果,发挥思政课一体化课程基地作用,苏州高新区举办了大中小学思政课一体化教研活动。大中小学思政课一体化是遵循个体发展规律,使不同学段思政课成为既相互衔接又螺旋上升、既层次分明又系统贯通的内容体系。此次活动围绕爱国主义主题,探究大中小学思政课一体化课程衔接机制,凝聚大中小学思政课共同体建设合力。

一、小学课例"籽籽同心 筑复兴梦"

小学组钱昕阳老师所执教的"籽籽同心 筑复兴梦"以民族知识抢答导入,通过趣味挑战活动,为大家介绍了常见的维吾尔族、回族、傣族、苗族等少数民族的服饰、节日、美食等。选取本校支教风采真实案例,使学生从内心深处对"中华民族一家亲,同心共筑中华梦"的价值观产生了共鸣。最后以"牵手贵州民族小伙伴"的实践活动,鼓励同学们珍视各民族间的团结之情,像石榴籽那样紧紧抱在一起。

【课型】主题班会课

【授课对象】小学生

【教学设计】观看关于少数民族的视频

(一)导入:民族知识抢答游戏

1. 中国有多少个少数民族:55个。

2. 中国最大的民族:汉族。

3. 中国分布最广泛的少数民族:回族。

4. 中国人口最多的少数民族:壮族。

5. "那达慕大会"是哪个民族的传统节日:蒙古族。

6. 彝族的传统节日:火把节。

7. 藏族传统习俗饮食文化:喝酥油茶、青稞酒等。

(二)趣味挑战一:民族服饰 我知晓

分别展示满族和苗族的民族服饰,让学生猜是哪个少数民族的服饰。

(三)趣味挑战二:民族美食 我品尝

分别展示维吾尔族的馕和回族的羊肉泡馍,让学生猜是哪个少数民族的美食。

(四)趣味挑战三:民族节日 我参与

展示傣族泼水节的图片,让学生猜是哪个少数民族的节日。

(五)体验互动:民族情感 我尊重

展示少数民族地理分布图。

活动:分享假期旅游美好瞬间。

(六)讨论交流

在我们的身边也有一些少数民族同学,他们就生活在我们中间。前两天,回族的壮壮同学告诉我,他在"光盘行动"中遇到了一点小难题,让我们一起来帮帮他吧!

我们可以做些什么呢?

(七)案例探究:民族发展 我建言

观看关于四川大凉山悬崖村变化与发展的视频和图片,畅所欲言:大凉山悬崖村为什么会旧貌换新颜?

展示图片,总结:全面建成小康社会,一个少数民族也不能少。

展示学校的援黔工作材料:教育助力扶贫;援黔支教。

(八)实践行动:牵手贵州民族小伙伴

元旦快到了,老师打算邀请贵州的小学生来苏州做客,你会怎么招待他们呢?请完成欢迎清单。

活动:完成欢迎清单。

总结并播放习近平总书记2021年4月27日在广西考察时的讲话。

二、初中课例"共圆中国梦"

初中组李栋老师在"共圆中国梦"一课中,以探究精彩亚运的梦想之路为主线,从"心心相融汇聚筑梦之路",到"自信从容书写追梦之路",再到"勇立潮头共绘圆梦之路",带领学生回顾了中国近百年的寻梦历程,以此探寻中国梦必然实现的原因,鼓励学生为实现中华民族伟大复兴而努力奋斗。最后结合苏州行动,展现苏州作为一流历史文化名城的别样精彩,从而使学生厚植爱国情怀,强化责任担当。

【课型】主题探究课

【授课对象】初中生

【教学设计】

探究一:心心相融汇聚筑梦之路

小组活动:展示杭州亚运会精彩纷呈、心心相融的美好记忆并分析杭州亚运会成功举办的深层原因。

材料一 中国力量的团结凝聚

3.76万名"小青荷"志愿者,在竞赛运行、语言翻译、礼宾接待、抵离迎送等领域提供悉心服务。开幕式结束后,现场7.1万人40分钟内顺畅离场,8万座的"大莲花"迅速恢复干净整洁的状态。全民争当文明有礼杭州人,参与亚运、奉献亚运,凝聚起"人人都是东道主、我为亚运添光彩"的强大合力。

材料二 中国精神的薪火相传

为了极致展示"数字经济第一城"的科技盛宴,杭州首创性推出电子身份注册卡、"云上亚运会"、元宇宙平台和超1亿"亚运数字火炬手"汇聚成的"数字火炬人"。在数字技术加持下,杭州亚运会为观众带来耳目一新的奇妙体验。

材料三 中国道路的长期探索

1974年中国代表团首次亮相亚运赛场,参加了射击、跳水、乒乓球等14个项目,收获百余枚奖牌。2018年雅加达亚运会,中国队以132枚金牌和289枚奖牌的成绩在双榜上一骑绝尘,蝉联十届亚运金牌榜第一。

中国在亚运会上奖牌数的不断超越,不仅让世界看到中国的体育精神,更让世界看到中国特色社会主义道路的强大生命力和活力。

材料四 中国共产党的核心领导

杭州亚运会是党的二十大胜利召开之后我国举办的规模最大、水平最

高的国际综合性体育赛事,万众瞩目。习近平总书记亲切关怀、高度重视杭州亚运会筹办工作,多次作出重要指示,为做好筹办工作提供了根本遵循。

探究活动:个人展示杭州亚运会的中国名片。

小结1:如何实现中国梦?

①党的领导:实现中国梦,必须坚持中国共产党的领导("五位一体""四个全面"和新发展理念)。②中国道路:实现中国梦,必须走中国道路(中国特色社会主义道路)。③中国精神:实现中国梦,必须弘扬中国精神(以爱国主义为核心的民族精神与以改革创新为核心的时代精神)。④中国力量:实现中国梦,必须凝聚中国力量(全国各族人民大团结的力量)。

探究二:自信从容书写追梦之路

情境一　33年奋进路,3届亚运会

1990年北京亚运会,2010年广州亚运会,2023年杭州亚运会,33年奋进路,3届亚运会,越来越自信从容。

1. 展示三组图片。

2. 齐唱国歌(国家认同,传承创新,文化底气,坚定信念,发展信心)。

小结2:自信的中国人的表现是什么?

①自信的中国人对国家有认同。一个自信的中国人,具有强烈的国家认同感、与国家民族休戚与共的责任感、以天下为己任的使命感,能够自觉维护国家利益和国家尊严,自觉维护祖国统一和领土完整。②自信的中国人对文化有底气。一个自信的中国人,能够坚守中华文化立场,传承中华文化基因,讲好中国故事,传播好中国声音,阐发中国精神,展现中国风貌。③自信的中国人对发展有信心。一个自信的中国人,坚信中国特色社会主义道路就是人间正道,坚信创新、协调、绿色、开放、共享的新发展理念能够引领中国发展。

情境二　自信的精神气度——从体育大国走向体育强国

赛场内,中国体育健儿奋勇拼搏、连创佳绩;赛场外,市民游客自信从容、热情好客。世界从杭州、从浙江这一扇"窗",看到了一个越发繁荣昌盛、更为自信从容的中国。

2023年9月29日,张雨霏在女子50米蝶泳决赛中夺冠。颁奖仪式上,张雨霏与获得季军、从白血病中康复的日本选手池江璃花子相拥而泣、鼓励互勉,感动万千观众。

思考:从体育大国走向体育强国,在我国运动员身上,你感受到了什么样的自信心态?

小结3:自信的中国人的要求是什么?

① 自信不是妄自尊大,也不是故步自封。需要培育理性平和、不卑不亢、开放包容的心态。② 自信的中国人既是梦想家又是实干家,既要胸怀理想又要求真务实,既要满怀激情又要锲而不舍。③ 要坚定中国特色社会主义道路自信、理论自信、制度自信、文化自信。

探究三:勇立潮头共绘圆梦之路

体育强国的背后是一代代中国体育人的汗水和泪水,是中国体育一脉相承的拼搏精神,是每个中国人勇立潮头、追逐梦想的自信。

展示历代体育人的图片。

启示:只有奋斗的人生才称得上幸福人生;奋斗者是精神最为富足的人,也是最懂得幸福、最享受幸福的人;新时代是奋斗者的时代。

小结4:中国梦必然实现的原因是什么?

现在,我们比历史上任何时期都更接近中华民族伟大复兴的目标,比历史上任何时期都更有信心、有能力实现这个目标。

中国梦是历史的、现实的,也是未来的。中华民族伟大复兴的中国梦终将在一代代青年的接力奋斗中变为现实。

实践作业:同学们准备在社区开展以"做文明使者,展中国自信"为主题的宣讲活动。请联系苏州行动和所学知识,撰写一则宣讲提纲。

三、高中课例"铸牢中华民族共同体意识"

高中组杨碧环老师带来"铸牢中华民族共同体意识"一课,她立足教学内容设置了三个环节:文化润疆源流长,同心筑梦映天山;传续精神血脉,增进文化认同;你我携手同行,共建精神家园。从理论到实践,从国家到个人,落实核心素养的目标,让学生在"苏疆"文化交融中体悟"中华民族共同体"。

【课型】微课

【授课对象】高中生

【教学设计】

导入语:亲爱的同学们,你们知道苏州与新疆的距离有多远吗?苏州到新疆乌鲁木齐,坐火车要近40个小时,路途可谓遥远。但是,对中华民族共同体的文化认同让苏疆人民超越了时空的限制,双手紧紧相握。

议题一 文化润疆源流长,同心筑梦映天山

教师:同学们,老师想带大家认识一名退休老教师(展示视频),视频中这位衣着朴素的老教师,他叫王运帮,他是全国优秀教师,同时,他有一个响亮的名字:苏州援疆教师。一段援疆路,一生援疆情。

2000年,新区一中设立新疆班时,王运帮是第一届班主任,自此,他带了近20年新疆班。在一次特邀讲座上,王运帮老师谈到了自己的援疆初心,他说,从担任第一届"新疆班"班主任开始,他就爱上了新疆的小孩,爱上了新疆这片热土,他要亲自踏上这片热土来实地支教。于是,2018年8月23日,年届退休的王老师随苏州市85人组成援疆团至新疆克州支教;2020年3月31日,已在2019年年底退休后的王老师再次前往克州支教。

(展示一则新闻)正如这个新闻标题呈现的,我相信同学们心中也会有这样的疑问,王老师都退休了,为什么还要折腾自己,跑到新疆去支教呢?

(活动:邀请学生来谈一谈想法)

教师:作为一名语文老师,王老师用一首小诗表达了自己的心情。"谁说花甲桑榆晚,休言已到夕阳年。援疆路上整三载,老骥伏枥霞满天。"援疆之路艰辛而漫长,心中怀有赤诚与热爱,也能在这苦中酿出蜜来。

除了王老师,苏州还有一大批优秀教师,接力前行,前往新疆进行支教。2018年以来,苏州先后选派四批268人次教育人才对口支援新疆。2022年开始,应霍尔果斯教育局商请,苏州先后又选派了20余名骨干教师赴新疆支教。他们将中华民族共同体意识根植于当地师生的心灵深处,毫无保留地把知识和技能留在受援地，坚持"输血"与"造血"相结合，为新疆的教育事业培养出一支带不走的骨干人才队伍。

从水韵江南到戈壁南疆，支教教师与大漠为伴，听胡杨唱晚，成为一颗小小的种子，在祖国的西部边疆，努力扎根发芽，照亮新疆孩子的人生。支教老师们说，"我们是一群平凡人，但平凡中亦蕴千钧之力。践行文化润疆工程、促进中华民族大团结是我们的使命与光荣。援疆支教是文化润疆工程的重要组成部分，也是沟通苏州与新疆的文化桥梁，在生活与文化的交流中，我们更加深刻地体会到了什么叫作中华民族共同体"。

（引导学生共同朗读习语）

铸牢中华民族共同体意识，就是要引导各族人民牢固树立休戚与共、荣辱与共、生死与共、命运与共的共同体理念。

议题二　传续精神血脉，增进文化认同

过渡：优秀传统文化是中华民族的精神血脉，如何传承优秀传统文化，在传承中增进文化认同，是我们的重要命题。

情境一：2023年"'新疆是个好地方'对口援疆19省市非物质文化遗产展"举办（往新疆去）

非遗为媒，文化润疆。2023年8月23日至27日，"'新疆是个好地方'对口援疆19省市非物质文化遗产展"在新疆维吾尔自治区阿克苏地区举办。这场以"文化的瑰宝，人民的非遗"为主题的文化盛宴吸引了来自19个对口援疆省、市及新疆各地区的383名非遗传承人，展示了330项非遗项目，并通过多样的呈现形式让观众沉浸式体验非遗魅力，打造非遗宣传推广平台，展示文化润疆成果。

活动：2023对口援疆非遗展，苏州人民请求出战！苏州是我国拥有各级非物质文化遗产数量最多的城市，联合国教科文组织世界非物质文化遗产名录的43个项目中，列入7个苏州的项目。邀请同学分享，你知道的苏州的非物质文化遗产有哪些？它们可以以什么样的形式与新疆人民进行交流？

教师总结：以非遗展示促交往，以技艺切磋增交流。通过非遗展，我们要多层次、全方位、立体式讲好中国故事，推动非遗不断融入现代生活，促进各族人民共享文化发展成果。

情境二：苏州博物馆西馆联合苏州市新区一中新疆班策划快闪舞蹈《遇·见》（到苏州来）

2023年5月,苏州博物馆西馆"此心归处——敦煌艺术临摹与精神传承"特展举办期间,苏州市新区一中新疆班与苏州博物馆西馆共同策划了舞蹈《遇·见》,由我校新疆班学子进行演绎。在舞蹈的演绎中,学子们与先人交流对话,看见时代变迁中艺术家的担当与情怀,探索追寻世界文化遗产敦煌艺术的精髓,用饱含浓浓地域和民族特色的舞蹈带领观众一梦入敦煌,致敬千年历史文化瑰宝的艺术生命力。

认同,是认知的一种理性能力。在亲身演绎敦煌飞天舞的过程中,新疆学子们真切地增强了对中华文化一体的认同感。参与演出的孩子说:"千百年来,敦煌一直在大漠的最深处;直到人们将它开掘。无数的工作者为了保留大漠明珠、为了将敦煌艺术永存于世,付出了自己的青春,日夜与黄沙为伴。我想这就是'此心归处'的真正含义吧。今天能以快闪的形式参与其中,我很自豪,也很骄傲。我自豪我的第二故乡苏州,更自豪我是中华儿女。"初心不改梦归处,此心归处是中华!

(共同朗读)文化认同是最深层次的认同,是民族团结的根脉。各民族在文化上要相互尊重、相互欣赏,相互学习、相互借鉴。这对于构筑各民族共有精神家园、铸牢中华民族共同体意识至关重要。

议题三 你我携手同行,共建精神家园

(展示视频)

视频中的刘老师,新疆孩子亲切地称她为刘妈妈,因为她不仅是新疆班孩子学习上的引路人,更是新疆学子远离家乡来到苏州求学这一孤独道路上的一束光。深厚的情感源于真实的生活,在点滴的陪伴中,新疆班教师与新疆孩子们结下了深厚的情谊。

正如习近平总书记在2022年新疆考察时指出,要推动各族群众逐步实现在空间、文化、经济、社会、心理等方面的全方位嵌入,促进各民族像石榴籽一样紧紧抱在一起。

结语:铸牢中华民族共同体意识,共建精神家园。我们能做什么?

民族团结是我国各族人民的生命线,中华民族共同体意识是民族团结之本。铸牢中华民族共同体意识,是我们每一个中华儿女的心之所向,也是使命所在。使命之担,重在践履。中华民族共同体的动人篇章,需要由同学们用自己的人生实践去亲笔书写!

四、大学课例"经济全球化背景下的爱国主义"

大学组于佳老师在"经济全球化背景下的爱国主义"一课中,置身经济全球化大背景,探讨爱国主义教育依然具有重要的意义,是具有新的特点和要求的课题。在经济全球化背景下更要提倡爱国主义的自觉意识和应对现实挑战的忧患意识,共同推动人类文明发展进步。

【课型】公共课

【授课对象】本科生

【教学设计】

经济全球化是指在生产不断发展、科技加速进步、社会分工和国际分工不断深化、生产的社会化和国际化程度不断提高的情况下,世界各国、各地区的经济活动越来越超出某一国家和地区的范围而相互联系、相互依赖的过程。在经济全球化进程中,社会分工得以在更大的范围内进行,资金、技术等生产要素可以在国际社会流动和优化配置,推动世界生产力的发展。其主要表现为生产全球化和贸易全球化。

改革开放40多年来,我国经济一直保持中高速增长,在世界主要国家中名列前茅。近年来,我国对世界经济增长贡献率超过30%。经过持续努力,我国用几十年时间走完了发达国家几百年走过的工业化历程,创造了经济快速发展和社会长期稳定两大奇迹。

展示中国成就:中国空间站、中国高铁、中国海洋石油勘探、中国桥梁。

问题一:经济全球化背景下还需要爱国主义吗?

辨析：有人认为经济全球化背景下不需要弘扬爱国主义了。

材料一　警惕"颜色革命"的现实风险

"颜色革命"的本质：西方国家策划"颜色革命"，往往从所针对的国家的政治制度特别是政党制度开始发难，大造舆论，大肆渲染，把不同于他们的政治制度和政党制度打入另类，煽动民众搞街头政治。结果使很多国家陷入政治动荡、社会动乱，人民流离失所。我们头脑一定要清醒、意志一定要坚定，面对大是大非敢于亮剑，面对矛盾敢于迎难而上。

材料二　浙江一高校学生窃取出卖国家秘密，被判刑 5 年 6 个月

2019 年 3 月，大学生庄某在 QQ 群中寻找兼职。一位成员主动向其提供"某军港附近地图信息采集和沿街商铺拍摄"的兼职工作，要求"每天工作 3 小时，一周工作 3 天，日工资 200 元"。庄某先后 8 次应对方要求前往小区楼顶制高点、公园及医院附近，拍摄我国军事目标及附近街道店铺、路况等，每次拍摄 100 张至 200 张照片，通过邮箱发送给对方。庄某还应境外间谍情报人员要求，先后 10 次赴某海军舰队实施预警观察搜集。2019 年 12 月，舟山市中级人民法院以为境外非法提供国家秘密罪判处庄某有期徒刑 5 年 6 个月，剥夺政治权利 1 年。

问题二：经济全球化下我们需要什么样的爱国主义？

观点 1：强势爱国论。

这种观点认为，经过 40 多年的改革开放，无论是经济社会发展还是国际地位形象，我国都已经得到巨大的提升，具备了与西方发达国家相抗衡的实力，要以强悍的姿态对世界说"不"，排斥其他国家和民族的共同发展。

观点 2：经济爱国主义。

这种观点是经济全球化的孪生产物，是国家民族主义在经济上的表现，本质上是一种狭隘的经济民族主义思想，是经济保护主义的一种形式。它既要求政府动用行政力量审核、限制外国公司并购本国企业、产品进口，保护国内企业或产品，也要求人们的消费行为为国家整体利益服务。

总结：一个国家、一个民族，只有开放兼容，才能富强兴盛。要把弘扬爱国主义精神与扩大对外开放结合起来，尊重各国历史特点、文化传统，尊重各国人民选择的发展道路，善于从不同文明中寻求智慧、汲取营养，促进人类和平与发展的崇高事业，共同推动人类文明发展进步。

五、同主题探究课例"高扬爱国主义的旗帜"

朱开群教授作了主题为"思政课一体化视域下的高效教学实践思考"的专题讲座。讲座伊始,朱教授高度评价四节课堂展示课,不同学段的思政课各有侧重,分别适应不同学段的学生,起到了很好的示范作用。朱教授还分享了他的同主题探究课"高扬爱国主义的旗帜"。该节课立足初中学段的学生,四个议题层层递进,深入浅出地剖析"今天我们应该怎样爱国"这个宏大的话题,通过丰富的材料以启发学生进行深刻的探究,来增强他们做中国人的志气、骨气、底气,呼吁他们做有理想、有本领、有担当的时代新人。

【课型】主题探究课

【讲授对象】初中学生

【教学设计】

总议题:今天我们应该怎样爱国?

子议题一:倾听历史的回声,感悟精神的力量

议学情境:四大文明古国中为什么只有中国不带有"古"字?

议学任务:

1. 世界有哪四大文明古国?四大文明古国中为什么只有中国不带"古"字?

2. 从中你感悟到中华文化和以爱国主义为核心的中华民族精神有何意义和价值?

议学总结:

1. 世界有哪四大文明古国？四大文明古国中为什么只有中国不带"古"字？

教师总结：中国是世界文明的发源地之一，有着五千年的文明史，与古埃及、古巴比伦、古印度并称为"四大文明古国"。这四大文明古国中，古埃及、古巴比伦、古印度都由于外族的入侵而失去了独立，中断了古代文明。而唯有中国尽管古代也曾有外族的入侵，也曾经历过分裂的局面，近代也曾屡遭列强的侵略，但几千年来中华文明从未中断，我们也一直就只有一个称呼——中国。

2. 在世界四大文明古国中，为什么只有中国文明一直传承至今。其中中华文化和以爱国主义为核心的中华民族精神起了什么作用？

教师总结：

（1）文化是中国人民共同的精神家园——文化是民族的血脉，是人民的精神家园。在世界四大文明古国中，只有中国文明薪尽火传，一直传承至今，其他文明都曾中断。之所以如此，是因为共同的价值观念、共同的语言文字、共同的典章制度、共同的伦理仪轨，构成了中国文化最深层、最牢固、最顽强的基因，是中华民族共同的血脉。这一血脉，不因战火灾难而枯竭，不因朝代更替而断流。

（2）统一、爱国是中华民族的主基调——中华文化在久远的历史中形成了一个定势，也是全国各族人民的一个共识：统一是合理的、正常的，分裂是违理的、反常的。凡我中华子孙，赞成、维护祖国统一的，是爱国者，是民族英雄；搞分裂、出卖主权的，是卖国贼，是民族败类。

学生启示：国家统一、民族复兴的车轮滚滚向前，祖国完全统一一定要实现，也一定能够实现。

子议题二：探寻数据背后的秘密，感悟"中国为什么能"

议学任务：结合中国、美国、印度、日本的经济发展数据及国外学者对中国的评价，完成以下议学任务。

1. 结合所提供的数据，从政治、经济、文化等不同角度分析"中国为什么能"？

2. 为什么说在当代中国爱国主义的本质就是坚持爱国与爱党、爱社会主义的高度统一？

情境材料一：中国、美国、印度、日本的经济发展对比（表9-1）

表 9-1　中国、美国、印度、日本的经济发展对比

时间	国内生产总值（GDP）比较
1950 年	中国的 GDP 相当于美国的 7.1% 左右，相当于印度的 85% 左右，相当于日本的 117% 左右
1978 年	中国的 GDP 相当于美国的 9.6% 左右，相当于印度的 108% 左右，相当于日本的 14.7% 左右
2010 年	中国的 GDP 首次超过日本，成为世界第二大经济体。中国的 GDP 相当于美国的 37% 左右，相当于印度的 356% 左右，相当于日本的 107% 左右
2021 年	中国的 GDP 相当于美国的 70.6% 左右，相当于印度的 575% 左右，相当于日本的 334% 左右

注：1961—1978 年，中国对世界经济增长的年均贡献率仅为 1.1%；1979—2013 年，中国对世界经济增长的年均贡献率达 15.9%，仅次于美国，居世界第二；2013—2018 年，中国对世界经济增长的年均贡献率达 28.1%，超过美国，居世界第一；2022 年中国对世界经济增长的贡献率更是高达 38.6%。

情境材料二：中国的"世界第一"

对世界经济增长的贡献率第一

全世界唯一拥有全部工业门类的国家

情境材料三：2021 年中国民众对政府信任度蝉联全球第一

全球最大公关咨询公司艾德曼发布的 2022 年度"艾德曼信任晴雨表"报告显示，2021 年中国民众对政府信任度高达 91%，蝉联全球第一。2017 年度、2018 年度的"艾德曼信任晴雨表"显示，中国民众对政府的信任度在受访各国中是最高的。据哈佛大学肯尼迪学院连续十年在中国开展的民调结果显示，中国民众对政府满意度连年都保持在 90% 以上。

对此，中国外交部发言人赵立坚在例行记者会上表示，这份信任源于中国共产党和中国政府担当作为。坚持人民至上，坚持一切为了人民，一切依靠人民，坚持为人民执政、靠人民执政，坚持发展为了人民、发展依靠人民，发展成果由人民共享。

情境材料四：世界政要、学者看中国

美国著名政治家弗朗西斯·福山：1991 年福山发表《历史终结论》，认为西方式的自由和民主观念已经彻底战胜了共产主义，自由和民主可能成为人类意识形态进步的终点与人类统治的最后形态，由此形成历史的终

结。2014年福山在美国《外交》双月刊撰文《衰败的美利坚——政治制度失灵的根源》,细剖美国政治制度的多流弊,最后感叹改革无望、死路一条。

议学总结:

1. 结合所提供的数据和材料,从政治、经济、文化等不同角度分析"中国为什么能"?

政治角度:中国共产党的性质和宗旨,坚持中国共产党的领导,中国特色社会主义理论的引领,坚持民族团结,建设社会主义民主和法治,社会主义制度集中力量办大事的优越性。

经济角度:中国特色社会主义经济制度的优越性,坚持改革开放,大力发展实体经济,以经济和科技为核心的综合国力,坚持科教兴国,人才强国,创新驱动发展战略。

文化角度:中华优秀传统文化,中华民族精神,社会主义核心价值观。

结论:中国共产党能,中国特色社会主义好,马克思主义行,中国化时代化的马克思主义行。坚持道路自信、理论自信、制度自信、文化自信。

2. 结合上述材料和结论,分析说明为什么说在当代中国爱国主义的本质就是坚持爱国与爱党、爱社会主义的高度统一?

只有社会主义才能救中国,只有中国特色社会主义才能发展中国,只有坚持和发展中国特色社会主义才能实现中华民族伟大复兴的中国梦。社会主义制度具有无比的优越性,我们要坚定制度之信、道路之信。

中国共产党是中华民族的先锋队,是中国人民的先锋队,是实现中华民族伟大复兴的中国梦的最根本保证。中国共产党除了代表人民的利益,没有自己的特殊利益。中国共产党坚持立党为公,执政为民,是人民利益的代表者、捍卫者。

结论:在中国共产党领导下,我们坚持走中国特色社会主义道路,实现了中华民族从站起来到富起来再到强起来的伟大飞跃。

议学启示:今天我们应该怎样爱国?

爱国主义从来不是抽象的,爱国主义是与爱党、爱社会主义结合在一起的。在当代中国,爱国就是要热爱中国共产党领导下的社会主义中国。

子议题三: 重温英雄的伟绩,感受榜样的力量

议学情境:假如中国没有原子弹?

材料一　原子弹的历史意义：

（1）打破了核大国对我国的核讹诈。

（2）奠定了中国的大国地位。

（3）是国家安全最强大、最坚实的保障。

材料二　原子弹就是那么大的东西。没有那个东西，人家就说你不算数。那么好吧，我们就搞一点吧，搞一点原子弹、氢弹、洲际导弹。

——毛泽东

视频一：三年困难时期，邓稼先竟从家里拿东西给科研人员吃，甚至把外公买给女儿的饼干都拿来了！

视频二：听说科学家都在饿肚子，周总理省下口粮，请他们吃饭。听说科学家用买鞋子的钱下馆子吃了一碗红烧肉，总理落泪！饭后，总理为没有能请他们吃一盘肉菜，再次落泪。

议学任务：

1．是什么让邓稼先这样世界一流的科学家甘愿放弃国外优越的工作和生活待遇，义无反顾回到中国，在戈壁沙漠隐姓埋名，忍饥挨饿，甚至在接受批斗审查的情况下，在那么短的时间、那么差的条件下搞成"两弹"？

2．邓稼先对杨振宁说了什么？杨振宁为什么哭？

材料一　邓稼先的荣誉：1999年，邓稼先被追授"两弹一星功勋奖章"。2009年又被评为"100位新中国成立以来感动中国人物"之一。

材料二　1971年杨振宁访问中国，在离开北京快上飞机的时候，他终于忍不住问前来为他送行的邓稼先："中国的原子弹是不是完全由中国制造的？是不是有美国人参与了原子弹的研制？"邓稼先只是说了句："你先上飞机吧。"

杨振宁在上海的饯行宴会上，突然收到邓稼先的纸条，立刻离席去厕所，泪流满面！

后来杨先生曾这样写道："事后我追想为什么会有那么大的感情震荡，为了民族的自豪？为了稼先而感到骄傲？我始终想不清楚。"

1986年7月29日，邓稼先这颗科学巨星陨落了。杨振宁教授在写给邓稼先夫人许鹿希的信中说："稼先为人忠诚纯正，是我最敬爱的挚友。他的无私精神与巨大贡献是你的也是我的永恒的骄傲……"

材料三　《感动中国》给邓稼先的颁奖词：

（女）当大漠的苍茫点缀了蘑菇云的硝烟，当五星红旗升起在联合国的上空。

（男）是他，长空铸剑，吼出雄狮的愤怒；是他，以身许国，写下山河的颂歌。

（女）殷红热血，精忠报国，他是共和国忠诚的奠基人。

（男）鞠躬尽瘁，死而后已，他是中华民族不倒的脊梁。

（合）他是黑暗里的一支火把，将中国引向繁荣；他让一朵蘑菇云升腾而起，如一把利剑，吼出了中华民族的复兴！他把生命放在危险之间，把国家领向安全地带。

3. 杨振宁不回国、晚回国是否意味着不爱国？

2003年年底，世界著名物理学家杨振宁从美国回到中国定居。此时的他不仅有80岁高龄，还持有美国国籍。这一举动也引起了很多人的质疑。当初邓稼先、钱学森一批学者在国家最困难的时候，义无反顾地回到祖国，为祖国做了突出贡献，他怎么不回来；现在老了回来又能为祖国做什么贡献？

材料一　杨振宁对中国科学的贡献

1971年，杨先生刚看到美国把中国从美国公民不可访问的国家名单中取消，就马上申请回国，成为第一批回到中国探访的美籍学者。1980年，杨振宁在纽约成立"与中国教育交流委员会"，推荐超过一千名优秀人才、资助数百名中国学者去美国学习深造，他们中很多人回到祖国后，也成了中国科学界各领域的顶梁柱。就连清华大学著名的天才班级——姚班的创建者姚期智，在2016年放弃美国国籍回到国内，也与杨振宁有关。杨先生还不忘国内的科学发展，不仅向周恩来、邓小平等国家领导人提倡加强科普工作、引入国际学术期刊，还倡导建立了中科大首期少年班。杨振宁受聘于清华大学，到90岁高龄时仍为本科生、研究生上课。年薪为100万人民币，但杨振宁没有拿一分钱，将这笔钱捐给了清华大学的研究所，用于人才引进和培养。并且他卖掉了位于纽约的房子，又捐了100万美元给清华大学。杨振宁凭借自己的资源，直接或间接帮助中国建立了60多所物理实验室，缩短了中国与国外物理基础设施的差距；为清华、南开和复旦大学拉来了巨额的科研经费；以清华大学的署名发表了30多篇SCI论文，向世界显示了中国的基础研究实力。

材料二　《感动中国》给杨振宁的颁奖词

站在科学和传统的交叉点上，惊才绝艳。你贡献给世界的，如此深奥，懂的人不多。你奉献给祖国的，如此纯真，我们都明白。曾经，你站在世界的前排，现在，你与国家一起向未来。

4. 也许绝大多数同学都认为，我们做不了邓稼先与杨振宁这样的人，也不可能做出邓稼先与杨振宁这样的惊天伟业，那平凡的我们现在和将来能为国家做些什么？

议学总结：我们要向邓稼先与杨振宁一样，不管身处何地，常怀报国之心，常立报国之志，在祖国需要的时候，在国家利益和个人利益发生矛盾的时候，为了祖国的利益不惜牺牲自己的一切。

平凡铸就伟大，英雄来自人民。我们每个人只要树立报国之志，增强报国之能，从现在做起，从小事做起，不管在什么平凡的岗位上，都能为国家做出不平凡的贡献。我们要追求卓越，不甘平庸；悦纳平凡，立足岗位；拒绝躺平，不懈奋斗！

子议题四：　坚持法治轨道，秉持理性精神

议学任务：钓鱼岛事件时，有人甚至做出打砸日本车的举动。在中美贸易战、科技战的背景下，又有人喊出抵制美货的主张，你是否赞同？

议学总结：全球化时代要有全球化视野，中国以更高水平的对外开放应对美国的逆全球化，要以高水平科技自立自强实现中华民族伟大复兴，爱国要坚持法治轨道，爱国要秉持理性精神。

六、教学反思

2023年10月,全国宣传思想文化工作会议正式提出了习近平文化思想,并将"明体达用、体用贯通"勘定为习近平文化思想的鲜明品格。习近平文化思想"明体达用、体用贯通"意蕴深刻,体现了文化传承与文化创新的有机统一,是对历史传承与时代发展相契合的规律性认识,体现了理论品格和系统辩证的科学方法的融合,氤氲着意识形态的向心力、价值观的引领力和文化内驱的凝聚力。思政课一体化强调不同学段围绕核心素养目标有机融合,同向发力,协同育人,在思政课一体化背景下循序渐进、螺旋上升地践行"明体达用、体用贯通",深刻把握习近平文化思想在"魂脉"与"根脉"、"明体"与"达用"交相辉映、相互联结的辩证特征,是思政课一体化践行习近平文化思想的路径选择。

(一)整体性架构"明体达用、体用贯通"素养达成点

义务教育新课标强调思政课要以培育学生核心素养为目标,思政课一体化强调将总目标的一致性和学段目标的特殊性相结合,整体性解读教学目标,遵循共性和个性具体的历史的统一。源远流长、博大精深的中华优秀传统文化已成为中华民族的精神基因,成为世代传承的精神纽带,要把这些理念和素养型教学目标相融合,体现正确的政治方向、价值取向和浓厚的家国情怀。小学阶段重启蒙教育,常理引入,连接生活,文化情境浸润促发情感感知。以核心概念统整思政课核心内容,重视内容的关联、知识的迁移、思维的深刻、意义的生成,帮助学生理解学科思想和学科方法,实现培育目标的高度一致。

以小学课例"籽籽同心 筑复兴梦"教学片段为例。调动学生的参与度和积极性,以民族知识抢答游戏导入,设计三个游戏趣味挑战:民族服饰我知晓、民族美食我品尝、民族节日我参与,让学生充分体会民族文化丰富多彩性和一方水土一方文化的特征,实现理论认识之"体",凝练中华文明的特质。在此基础上,进一步设计体验互动目标:民族情感我尊重,展示少数民族地理分布图,让学生分享假期旅游的美好瞬间,学以致用讨论交流。传统优秀文化落地于新时代实践中,习近平文化思想同中华优秀传统文化相贯通。

(二)有序性推进"明体达用、体用贯通"合作探究线

习近平文化思想"明体达用"凝练了中华文明的特质,其中包括和平性特质。在传播弘扬的形式上,要注重文化的民族化传承与时代化表达的

统一。在传播弘扬的向度上，要注重走出国门，讲好中国故事、传播中国声音，实现中华文化的国际传播，提高中国的文化软实力。思政课要实现有序推进，合作探究，推进思政课一体化素养深化的有效教学，运用综合性思维引导学生，基于成熟经验不断澄清误区。核心素养作为内在品质无法直接度量，需要外化为行为表征才能表现出来。不同学段的思维成长是基于经验又超越经验的，具有深刻的螺旋上升性特征。有序性推进"明体达用、体用贯通"合作探究就是借助议题情境载体，巧设情境线、问题链、探究圈，遵循整体感知、探究建构、应用迁移、重构拓展四个阶段，实现文化浸润的深度跃升。

以初中课例"共圆中国梦"教学片段为例。从体育大国走向体育强国，在中国运动员身上，你感受到了什么样的自信心态？揭示了中华优秀传统文化自信不是妄自尊大，也不是故步自封。要培育理性平和、不卑不亢、开放包容的心态。自信的中国人既是梦想家又是实干家，既要胸怀理想又要求真务实，既要满怀激情又要锲而不舍。探索文化自信的实践价值，坚定中国特色社会主义道路自信、理论自信、制度自信、文化自信。这种尊古而不复古、循法而不破法的精神，使得中华文明在历史发展中呈现出既注重历史延承，又注重不断创新的守正创新特质，体现文化"明体达用"。

(三) 优化性完善"明体达用、体用贯通"体验生成面

任何真正的哲学都是时代精神的精华，作为中华文化和马克思主义的时代表达，习近平文化思想在认识论、历史观和辩证法层面实现了对马克思主义哲学的时代创新。认同，是认知的一种理性能力，更是感性的生命体验。运用马克思主义哲学的世界观和方法论，使学生不仅在教师的引领下潜移默化地理解文化的哲学意蕴，还进一步深入人类及自身的精神世界，审视文化中所包含的人生价值、人生意义、人生目的、人生智慧、人生境界，从而形成正确的人生观和价值观，努力以正确的人生哲理打造智慧的哲理人生。优化性完善"明体达用、体用贯通"的体验生成面，让学生参与文化其中，感知、感悟、感动、感怀，真正让文化内化于心、外化于行。

以高中课例"铸牢中华民族共同体意识"教学片段为例。践行文化润疆工程、促进中华民族大团结是我们的使命与光荣。援疆支教是文化润疆工程的重要组成部分，也是沟通苏州与新疆的文化桥梁，在生活与文化的交流中，我们更加深刻地体会到了什么叫作"中华民族共同体"。理论联系

实际，"明体达用、体用贯通"，引导学生体悟铸牢中华民族共同体意识，就是要引导各族人民牢固树立休戚与共、荣辱与共、生死与共、命运与共的共同体理念。基于中华民族共同体的历史和现实实际，习近平文化思想中的优秀传统文化外延不但包含了汉族文化传统，也包含了中华民族多元一体文化中的各少数民族文化。习近平总书记强调，各民族优秀传统文化都是中华文化的组成部分。要在多元一体的中华民族共同体中为中华民族提供丰厚滋养，实现"明体达用"。苏州博物馆西馆"此心归处——敦煌艺术临摹与精神传承"特展举办期间，苏州市新区一中新疆班与苏州博物馆西馆共同策划了舞蹈《遇·见》，由新疆班学子进行演绎。在亲身演绎敦煌飞天舞的过程中，新疆学子们真切地增强了对中华文化的认同感。这对于构筑各民族共有精神家园、铸牢中华民族共同体意识至关重要。这种真实参与的文化交融活动是文化"体用贯通"的最好诠释。

（四）适切性融入"明体达用、体用贯通"教学评价体系

习近平文化思想对中华优秀传统文化的理论认识之"体"、转化方法之"用"及与新时代实践的"贯通"进行了深刻揭示，从哲学高度将唯物史观与唯物辩证法内嵌于新时代中国特色社会主义文化建设中。习近平文化思想坚持实事求是的思想路线，阐明新时代优秀传统文化传承发展的路径，在认识论、历史观和辩证法层面实现了时代创新。"教—学—评"一致性的系统化思维要求教师重视教学评价的反馈导向功能，实现以评促教、以评促学，循理运用，印证推理，指向素养，从而提升育人力度。评价立意更多从知识的显性评价转向重视价值观等的隐性评价转换，强化过程性增值评价，改进结果性评价，形成立体的评价体系，激发学生进行深度思考，帮助学生形成思辨能力，使学生能够运用所学知识辨析观点、评价事物，促进学科核心素养的落实。

以大学课例"经济全球化背景下的爱国主义"教学片段为例。有人认为经济全球化背景下不需要弘扬爱国主义了，你如何看待这个观点？西方国家策划"颜色革命"，往往从所针对的国家的政治制度特别是政党制度开始发难，我们头脑一定要清醒、意志一定要坚定，面对大是大非敢于亮剑，面对矛盾敢于迎难而上。"明体达用"让学生明白爱国主义从来不是抽象的，爱国主义是与爱党、爱社会主义结合在一起的，在当代中国，爱国就是要热爱中国共产党领导下的社会主义中国。在这个过程中，加强与学生

的交流对话，增强思维冲突，评价双方反思和自我观点修正的能力，推动评价直击现实的痛点和焦点问题，并借助信息技术对于学习过程进行立体的、全方位的测评。经济全球化下我们需要什么样的爱国主义？要把弘扬爱国主义精神与扩大对外开放结合起来，尊重各国历史特点、文化传统，尊重各国人民选择的发展道路，善于从不同文明中寻求智慧、汲取营养，促进人类和平与发展的崇高事业，共同推动人类文明发展进步。注重观点陈述、行为选择的表现性评价，关注典型行为表现和真实发生的进步，增强做中国人的志气、骨气、底气，做有理想、有本领、有担当的时代新人。全球化时代要有全球化视野，中国以高水平的对外开放应对美国的逆全球化，以高水平科技自立自强实现中华民族伟大复兴，爱国要坚持法治轨道，爱国要秉持理性精神。

总之，在思政课一体化道路上需要对习近平文化思想加强学理化阐释，系统性提炼重要思想所蕴含的世界观和方法论，进一步把握其方法的科学性与有效性。思政课一体化借助"明体达用、体用贯通"方法践行习近平文化思想，推动学生形成高阶思维，从而提高其分析问题和解决问题的能力，这不仅有利于学生更好地理解和掌握思政课的文化知识，而且有助于升华中国特色社会主义文化的价值和意义，帮助学生养成调动多方面知识分析问题与解决问题的思维模式和行为习惯，从而对学生能力和素养的提升起到引领作用。

第三节 思政学科和学科思政共话"中国梦"

为了进一步贯彻习近平总书记在学校思想政治理论课教师座谈会上的讲话精神，落实思政课"立德树人关键课程"的根本任务，提升思政课内部及其与其他学科之间协同育人的能力和水平，思政一体化和课程思政协同育人调研活动顺利举办。来自不同学校的经验丰富的优秀教师展示了不同学段、不同学科共五节课例，课程内容丰富，异彩纷呈。授课教师们充分展现了大中小学的课堂风采，同以"实现中华民族伟大复兴的中国梦"为主题，将文化浸染与价值塑造同心共建，促进大中小学思政课一体化的建设。

一、高中思政课课例"实现中华民族伟大复兴的中国梦"

王庆军老师带来了"实现中华民族伟大复兴的中国梦"一课。王老师结合航天梦,从总体、本质与内涵等方面讲述了什么是中国梦,并且解答了党、国家及广大青年应该如何实现中国梦,知识层层深入,有很强的理论深度。

二、初中思政课课例"民族复兴我有责任——共圆中国梦"

吴文明老师的"民族复兴我有责任——共圆中国梦"实例教学结合本校特色进行设计探讨,不仅让我们领略了通安中学的悠久历史,还让我们在"圆梦大舞台"上了解到只有凝聚多方面力量,做一个自信的中国人,才能够实现中国梦。

三、小学思政课课例"我们的中国梦"

周晓虹老师"我们的中国梦"一课,向我们展示了一个别开生面的课堂,精美的课件,诗歌一般优美的教师用语,带领我们领略了不一样的思政课堂。

四、小学语文课课例"七律·长征"

大中小学思政课以外的其他课程也同样落实立德树人理念,在课堂教学中渗透思政教育功能,与思政课协同育人。张忠艳老师为我们带来了"七律·长征"一课,让我们感受到红军长征路上的艰难险阻和红军战士面对困难时英勇无畏、乐观进取的精神,长征精神与中国梦这跨时代的对话,定会刻在每一个中华儿女的心中。

五、初中历史课课例"中国共产党诞生"

历史的车轮从不会停止,见证着中华民族的过去与现在。李素梅老师以先进的教学理念,带来了"中国共产党诞生"一课。她坚持学教整体化,认为应将中观与微观相结合,做到"既见树木,又见森林",同时李老师还坚持浸润素养,立德树人。

六、专家评课

孔川教授认为中小学思政课一体化对大学的课堂设计、理论知识的设置提出了新的挑战。当前中小学思政课教师的课程设置已经在一定程度上实现了一体化的目标,用心设计课程,思政课就会精彩绝伦。他还对各个学段教学知识的深度与形式提出了建议:教育需要为思维建模、为学习探索另一种范式。

朱开群教授认为这五节课例都体现了一个进程，即从知识教学走向素养教学，其中课堂结构也发生了重大转变，各位教师基于学科本身创设了知识应用的问题情境，从课内到课外，将知识落到实处。大中小学思政课一体化归根到底就是思政课全程贯通于不同学段，也就是保持目标一致性的同时还要体现学段差异，循序渐进，螺旋上升。小学注重体验，中学重视理论，如何实现这种有机融合，还需要各学段教师共同努力、多方协作。

通过理顺、重构、改革、创新大中小学思政课一体化的困境解决路径，强化各学段思政课的目的性与一致性，并从中寻求创新与突破，从而更好地以德育人、立德树人，实现中华民族伟大复兴的中国梦。

七、教学反思

党和国家一直强调立德树人的重要作用，"大思政"格局在育人中的认知和理解不断地提升，"协同育人"的氛围正在形成。当前的思政教育工作出现了新变化，"孤岛式"思政课很难适应立德树人的要求，学科思政和思政学科"双轮驱动"势在必行。实现学科思政和思政学科"双轮驱动"要立足实际，依循系统论思维，由"知"到"行"，明确内在系统化构建的逻辑根据，把握思政课一体化的本真要义和根本旨趣，从实现机制维度出发，制定恰当的实现路径，在知行合一中为推进思政课一体化真正落地提供路径指引。

1. 学科思政和思政学科"双轮驱动"的本真要义

依据历史唯物主义的观点，社会存在决定社会意识，任何一种思想观念和精神样态的出场都离不开一定的实践奠基。学科思政和思政学科"双

轮驱动"正是来源于实践,是思政课一体化实践的观念映现和精神总结。实现学科思政和思政学科"双轮驱动"解决的是其他课程与思政课同向同行、协同育人的问题。它以构建全员、全程、全课程育人格局的形式,将其他各类课程与思政课结合,同向同行,形成协同效应,是把"立德树人"作为教育根本任务的一种系统教育理念。唯物辩证法要求我们在把握系统优化的方法时,要注意着眼于事物的整体性,从整体上把握系统的功能和性质;要注意遵循系统内部结构的有序性;要注重系统内部结构的优化趋向。"双轮驱动"本身就意味着教育结构的变化,学科素养、师资队伍与教学科研资源等维度的有效融合,综合利用教学和科研资源、国内国外资源与跨专业资源等制定有效的整合方案。"双轮驱动"需要搭架整体的协调机构,推动教育教学有效整合,即实现知识传授、价值塑造和能力培养的多元统一。现实中各学科课程教学往往由于各种原因而将这三者进行了割裂,"双轮驱动"从某种意义上来说正是对这三者重新统一的一种回归。这是对新时代教师教书育人职责的深化和拓展。教师不能只做传授书本知识的教书匠,而要成为塑造学生品格、品行、品位的大先生。

2. 学科思政和思政学科"双轮驱动"的价值意蕴

学科思政和思政学科"双轮驱动"作为思政课一体化的重要组成部分,在具体层面上囊括理想追求、行为规范、道德情感、精神气质等多重维度,集中彰显了思政课一体化育人的大德育本色,也是辩证唯物主义系统优化观的实践样态,具有学科凝聚力和引领力,是思政课一体化维度的独特标识。从理论层面上看,"双轮驱动"丰富了思政课一体化的实现路径图谱,同时为构建和丰富思政课一体化教育教学提供了丰富的资源库,涉及"知、情、意、行"多维整合。从实践层面上看,"双轮驱动"为思政课树立政治信仰,使价值信念逐渐内化为根本遵循和行动指引提供了学科样态。唯物辩证法认为事物的发展是内外因共同作用的结果,"双轮驱动"的外部动力源于落实立德树人的根本任务,构建全员、全程、全课程育人格局,实现同向同行的需要;内部动力源于思政课专业教学的自我改革、专业建设与发展的需要、学生培养的内在需求等动力。因此实现学科思政和思政学科"双轮驱动"具有时代价值和指导意义。

3. 现有学科思政、思政学科协同育人的问题省思

当前的思政教育工作,教育主体、教育对象、教育内容和教育方法出

现了新变化，单纯依靠"孤岛式"思政课很难适应思政工作的现实发展需要，不利于立德树人目标的实现。思政教育和专业教育相互独立，形成思政教育与专业教育"两张皮"的现象，在一些学科中，学科思政教学与思政学科教学的分离、分化甚至对立、冲突时有发生。

（1）思政教育视野的窄化

课程思政是以专业课程为载体，以隐性育人为特征，以教书育人为目的，重在通过课堂、课程和教师的人格来影响学生、引导学生，课程思政的落脚点应当关注学生身心健康的可持续成长，而绝不是看成绩带来的收益性。只重视成绩会把课程思政的内在驱动力引向功利性目标和操作性技巧而背离"育人"的初衷，这种短视行为，使得学科在发展到一定阶段后遭遇"瓶颈"，造成思政教育视野的窄化、价值观引领的缺失甚至扭曲。落实立德树人根本任务，必须将价值塑造、知识传授和能力培养三者融为一体、不可割裂。实现学科思政和思政学科"双轮驱动"就是要寓价值观引导于知识传授和能力培养之中，帮助学生塑造正确的三观，这是人才培养的应有之义。

（2）思政教育思维的僵化

目前思政教育实践所面临的困境不是具体方法上的匮乏与缺失，而是在面对新时代变化所带来的问题时，彼此孤立的各学科都难以因事而化、因时而进、因势而新，思维僵化明显。思政教育教学陷入以学科体系意识遮蔽问题意识、从概念范畴出发构建理论体系，而对一些现实问题"哑口无言"的境地。长此以往，思政教育将会从深化走向僵化，沦为为应试而生的形式精美、体系严谨却毫无意义的"空中楼阁"。实现学科思政和思政学科"双轮驱动"就是要"看好自家门，经常串串门"，强调学科融合，以回应重大理论和实践问题为研究旨趣。要自觉回答实践问题，不断增强问题意识，增强实践指导力。不断增强理论研究的问题意识和实践意识，使思政教育获得强大的理论穿透力和解释力。要自觉回应理论问题，生产更多知识硬通货，增强理论解释力，使思想引领工作更加生活化，努力让学生在时代强音中灵活地寻找困惑的答案，用中国话语解释自己的思想。

（3）思政教育角度的泛化

有的学科思政只会用一些机械教条的词句和大而空的说教，导致学生会拒绝专业课程中的所谓"育人元素"的"硬融入"。思政学科在运用其

他学科的术语分析思政教育所涉的问题时,常常有意无意地忽略了本学科对相同研究对象的特殊性表达,导致出现"种了别人的地,荒了自家的田"的现象。跨学科思政教育有时会出现对相关学科范畴概念的盲目套用和对其理论成果的简单复制粘贴,得出一系列"移花接木"式的所谓"创新"成果。实现学科思政和思政学科"双轮驱动",要在坚守学科立场与学科边界的基础上开展思政教育的多学科研究,采取开放性与独立性并重的研究方法。一方面,思政教育必须拒绝自我封闭、自说自话,增强研究的开放性。学科之间的相互交叉与融合都是理论创新的重要源泉。思政教育应该坚持开放性,增强自身与其他学科的对话融合。另一方面,多学科研究成功与否,取决于能否在开辟新的发展领域的同时,坚守自己学科的独立品性。真正的思政教育多学科研究必须立足本学科的教育实践,针对其中的重大问题,在相关学科中选择最具适配性和针对性的概念和命题,并依据思政教育的学科研究规范对它们进行知识重组和理论转化,以创造出属于学科的专业知识,争取获得在基本概念或研究方法上的突破,开辟出新的教育研究领域。

4. 学科思政和思政学科"双轮驱动"的实现路径

系统优化的方法要求运用综合的思维方式来认识事物,既要着眼于事物的整体,从整体出发认识事物和系统,又要把事物和系统的各个要素联系起来进行考察,在联系中把握各要素,把握事物整体,统筹考虑,优化组合,最终形成关于此事物完整的、准确的认识。学科思政和思政学科"双轮驱动"的提出本质上在于促使思政教育从观念形态走向现实落地,释放其指导实践的作用。实现学科思政和思政学科"双轮驱动"绝不能停留于理论层面,而是要真正做到在外化于行中发挥指导实践的关键效力。

(1)以"求同存异"的课题研究为载体,引领"同向而行"

坚持顶层设计与基层创新相结合,以课题研究为载体强化"贯通"式双轮驱动。学科思政和思政学科要围绕解决好教学对象信仰、信念、信心的"总开关"问题,开展多学科联合攻关的课题研究,以爱党、爱国、爱社会主义、爱人民、爱集体为主线,紧紧围绕政治认同、家国情怀、文化素养、法治意识、道德修养等重点,优化内容供给,推进习近平新时代中国特色社会主义思想进教材、进课堂、进头脑,展开多学科联合课题攻关。必须搞清楚学生所关心的深层次理论和实践问题,用真理的强大力量引导学生。要置身"两个大局"背景下，结合学生的思想特点和认知规律，将历史与现实贯通，强化理论与实践的联系，挖掘和运用好新时代坚持和发展中国特色社会主义鲜活实践的"富矿"，将"互联网＋"与学科教学进行深度融合，着眼于各学科专业特色，统筹规划，两翼推进，协同攻坚课题研究形式，实现协同创新。构建不同学段协同作战的思政课体系，形成教育引导机制，提升理论认知。

（2）以"兼收并蓄"的同课异构为纽带，实现"同频共振"

学科思政和思政学科"双轮驱动"的生命力在于深度融合，真正内化于心，进而外化于行。以兼收并蓄的同课异构为抓手，同频共振。

要形成学科思政和思政学科"双轮驱动"的内容创新机制。从广度和深度上着力将学科思政和思政学科"双轮驱动"的核心和灵魂作为主导内容，不断增强内容的穿透力和理解力。通过同课异构，在课堂中坚持理论灌输与情感渲染并重，变"单调生硬"为"丰富生动"，变"大水漫灌"为"精准滴灌"，变"传统说教"为"时代表达"，不断提升实现学科思政和思政学科"双轮驱动"的解释力。通过同课异构，在新与旧、传统与现代的优势互补、同频共振和深度融合中延展实现学科思政和思政学科"双轮驱动"的传播力。通过同课异构，形成学科思政和思政学科"双轮驱动"创新机制，把握好时效度，运用学生喜闻乐见的方式，不断提升学科思政和思政学科"双轮驱动"的教育合力。既要活化老办法，在启发式和引导式"灌输论"的指导下柔性地输出思想内容，增强学生的理论接受度；也要善用新办法，依托大数据、互联网开展学科思政和思政学科"双轮驱动"教育活动，以现代化的方式提升认知，增强教育效果。

（3）以"百家争鸣"的集体备课为平台，促进"同心协力"

实现学科思政和思政学科"双轮驱动"，在方法策略上必须打造学科联动的平台。"百家争鸣"的集体备课就是很好的实践路径。深刻把握"双轮驱动"的核心定位和根本要义，从而把资源作为弘扬"双轮驱动"的生动教材。通过集体备课，把"双轮驱动"嵌入到思政课教学的各个环节，形成横向拓展机制，从而不断推进融合合力效能的提升。完善贯穿融入机制，把习近平新时代中国特色社会主义思想更好贯穿和有机融入学校的思政课教学，同深入学习马克思主义基本原理，学习"四史"深刻体悟中国特色社会主义在新时代取得的历史性成就、历史性变革联系起来，在增强学理深度、学术厚度上下功夫,在体现实践能力上下功夫,防止"表面化融入"。集体备课具体到教育载体上,既要注重丰富实现学科思政和思政学科"双轮驱动"教育的实践载体也要注重拓展文化载体,通过编纂相关通俗读物、拍摄影视作品等方式宣扬实现学科思政和思政学科"双轮驱动"。通过集体备课的协作平台,深入研究不同专业的育人目标,深度挖掘提炼专业知识体系中所蕴含的思想价值和精神内涵,科学合理地拓展专业课程的广度、深度和温度,增加课程的知识性、人文性,提升其引领性、时代性和开放性。

(4)以"百花齐放"的多维评价为抓手,塑造"同心同德"

评价系统已成为教育教学效果反馈的重要手段,用心收集学生学习、生活各方面产生的数据信息。新时代实现学科思政和思政学科"双轮驱动"既需要科学的思维方法指导,更需要主体力量的发挥,以多学科的多维评价为纽带,发挥参与性主体的协助作用,帮助各学科教师及时、全面地掌握学生学习的动态信息,以精准地实施评价。精准的数据分析能够使教师把握每一名学生的思想需求和成长规律,捕捉到其思想行为的"痒处"和"痛点",为"对症下药""量体裁衣"提供依据,促进各学科将思政元素"基因式"融入专业课程,提升学生专业素养的同时,达到润物无声的育人效果,以落实立德树人的根本任务。评价是富有建设性的,着眼点在于学生的长远可持续发展,教师通过评价不断创新教育引导方式,从而达到精准思政的要求。将各学科评价数据纳入总体教学考评,以检验学生是否真学、真懂、真信、真用,这是以往任何学科单一孤立的教育评价无法做到的。各学科依靠大数据搭建起智慧校园,采集学生的到课率、抬头率及课堂互动情况这些与教学效果紧密联系的相关数据,对教师教学效果进行精准量化的分析。这使得教育评价愈发全面和科学,更加符合思政课的培养目标和育人理念,从而生成使学生终身受益的教学效能。

总之,学科思政和思政学科"双轮驱动"使得学科间育人价值勾连,实现课堂内外的联动,实现多学科教师的相互配合,让各学科教师都能"守好一段渠、种好责任田",与思政课同向同行,从而找到思政课一体化背景下适宜的协同育人的路径,让学科间形成一种巨大的教育能量场。

参 考 文 献

［1］李伟. 大中小学思政课一体化建设的逻辑理路［J］. 河南社会科学，2020，28（08）：119-124.

［2］王锁明. 加强思政课建设的时代背景及实践要求［J］. 中国国情国力，2020（02）：45-48.

［3］张永霞，申来津. 新时代大中小学思政课一体化的依据、思路与途径［J］. 学校党建与思想教育，2020（08）：30-32.

［4］李晓东，何旋，孟婷. 中学思政课统编教材的教法与学法研究：基于"一体化背景"的审视［J］. 教育参考，2020（01）：5-11.

［5］吴敏. 大中小学思政课一体化背景下的中小学教学衔接研究［D］. 南昌：江西师范大学，2020.

［6］陈丹丹. 一体化背景下思政课教学资源共建共享策略［J］. 中学政治教学参考，2020（33）：80-81.

［7］杨凯，温海亮. 大中小学思政课一体化背景下建设教学资源库的思考［J］. 课程教材教学研究（教育研究），2022（Z4）：17-21.

［8］杨军. 新课改下教师专业素质发展的关注点［J］. 教书育人，2010（04）：88-89.

［9］唐景莉，王锋，魏莉霞. 统筹推进大中小学思政课一体化建设［J］. 中国高等教育，2020（19）：36-40，64.

［10］张尚达. 思政课教学一体化设计的原则与路径：以高中"劳动创造美好生活"一课教学设计为例［J］. 现代教学，2019（Z4）：20-22.

［11］唐凤林. 思辨力：让学生的思维更深刻［J］. 江苏教育研究，2015（35）：22-23.

［12］王爱梅. 思辨型提问让物理课堂灵动起来［J］. 中学物理，

2014,32(19):33-34.

[13]李晓东.议题式教学设计与实施中的几个关键问题[J].教学月刊·中学版(政治教学),2019(Z1):25-28.

[14]李渊博,李学勇.《习近平新时代中国特色社会主义思想学生读本》的一体化学习进阶研究[J].教育科学论坛,2022(08):10-14.

[15]倪丽尧.《习近平新时代中国特色社会主义思想学生读本》(初中)课堂教学策略探析[J].上海课程教学研究,2021(12):14-17,39.

[16]徐翙."大思政课"目标下高中思政课程的跨学科统整[J].现代基础教育研究,2022,47(03):87-91.

[17]单君.实施"融入"策略,探求常态化长效化:对党史学习教育进校园的思考[J].天津教育,2023(19):7-9.

[18]高小伶,施程.艺术高职院校思政实践教育基地建设的对策与思路[J].佳木斯职业学院学报,2018(06):96-97.

[19]盛丹丹.学科核心素养视域下的高中思想政治教师课程执行力研究[D].芜湖:安徽师范大学,2018.

[20]李昕.统筹推进大中小学一体化推动思政课建设内涵式发展[J].中国高等教育,2019(07):10-12.

[21]管建林.校本教研"科教一体化"的思辨与对策[J].教书育人,2014(14):26-27.

[22]景云.大中小学思政课一体化背景下教师跨界学习的价值与实施路径探析[J].黄冈师范学院学报,2021,41(01):76-80,134.

[23]李达.高中政治教学渗透核心素养理念浅探[J].中学教学参考,2017(22):50-51.

[24]孙胜楠.初中道德与法治课教学中学生健全人格素养的培育研究[D].哈尔滨:哈尔滨师范大学,2023.

[25]崔允漷.借助"新方案""新课标"开创义务教育课程改革新局面[J].中国基础教育,2022(10):66-70.

[26]潘莉,卞程秀.习近平文化思想对中华优秀传统文化"体""用""贯通"的揭示[J].海南大学学报(人文社会科学版),2024,42(04):12-19.

[27]史宏波,谭帅男."思想政治教育"概念重述与研究范式的转向

[J]. 思想教育研究, 2021（10）: 40-46.

[28] 李征, 刘建军. 新时代弘扬伟大建党精神的逻辑前提、内在根据与实践要求 [J]. 中共中央党校（国家行政学院）学报, 2021, 25（06）: 66-73.

[29] 刘洋. 运用大数据提升高校思想政治理论课教学实效的反思 [J]. 思想理论教育, 2021（11）: 72-77.

[30] 杨威, 田祥茂. 思想政治教育的"术""道""学" [J]. 教学与研究, 2023（03）: 103-111.

[31] 坚持党的领导传承红色基因扎根中国大地 走出一条建设中国特色世界一流大学新路 [N]. 人民日报, 2022-04-26.

[32] 方建春. 谋铸魂之思 研育人之律: 评《大中小学思政课一体化建设的理论与实践前沿》[J]. 经济问题, 2024（06）: 2.

[33] 石国亮, 张敬文. 思政课建设需把握的几个重要理论和实践问题: 习近平关于加强思政课建设重要论述的学习与思考 [J]. 北京交通大学学报（社会科学版）, 2024, 23（02）: 1-6.

[34] 魏进平, 申雯, 高欣颖. 大中小学思想政治教育一体化建设探究 [J]. 北京教育（德育）, 2024（05）: 60-64, 92.